Gut vorbereitet in den Ruhestand

Friederike Quien-Schütz · Fred G. Schütz

Gut vorbereitet in den Ruhestand

Planung · Perspektiven · Praktische Tips

Inhalt

6 **Vorwort**

8 **Einleitung**

Teil I
Nächstes Jahr gehe ich in Rente

13 Die gemischten Gefühle
13 Abhängigkeiten: Rentner wider Willen?
17 Den Spieß umdrehen: planen und mitgestalten!

20 Was will ich?
23 Soziale Kontakte kontra Einsamkeit
24 Ruhestand – von wegen Stillstand!

27 Wie sehen meine finanziellen Verhältnisse aus?
28 Die Rentenhöhe – ein Buch mit sieben Siegeln?
29 Betriebsrente: leider nicht für jeden
30 Ich hab' ja noch meine Lebensversicherung!
32 Sicherer geht's nimmer ...
32 Wo läßt sich sparen?
36 Sozialhilfe: kein Almosen, sondern mein gutes Recht

38 Den Übergang sanft gestalten
38 Teilzeit: Ruhestand auf Raten
41 Sichvorbereiten ist die halbe Miete

43 Wie sieht's in meinem Privatleben aus?
43 Mit dem Partner planen
46 Und die Singles?
47 Opa als Babysitter? Die Ansprüche der Kinder
47 Freunde und Bekannte

Teil II
Es ist soweit...

- 55 „Trauerarbeit" – meist unumgänglich
- 57 Die Seele hinkt oft hinterher

- 60 Wie gehe ich eigentlich mit meiner Zeit um?

- 65 Was bleibt, was ändert sich?
- 66 Herr(in) über die eigene Zeit
- 68 Alte Gewohnheiten überprüfen

- 71 Neue Aufgaben rufen
- 72 „Familienarbeit" – immer gern gesehen
- 75 Die soziale Ader ausleben
- 79 Das eigene Wissen und Können weitergeben

- 84 Geistig fit bleiben: Kenntnisse und Fähigkeiten erweitern
- 84 Einstein und die Bauchtänzerin
- 86 Lernen und Denken
- 89 Gelehrig gegen die Leere

- 94 Da muß Struktur rein!
- 94 Rhythmisierung der Zeit
- 99 Man gönnt sich ja sonst nichts

Teil III
Nützliches und Wissenswertes für den Alltag

- 103 Praktische Hinweise
- 103 Gesundheit – ein kostbares Gut
- 107 Liebe, Sex und Zärtlichkeit
- 109 Wenn uns das Fernweh packt: Reisen
- 113 Wie will ich wohnen?

- **121 Anhang**
- 121 Quellen
- 122 Adressen
- 126 Register

Vorwort

Bücher haben eine sehr menschliche Eigenschaft: Sie entwickeln sich ständig weiter. Irritierend ist nur, daß auch diejenigen, die sie schreiben, nicht ungeschoren davonkommen.

Zu Beginn schien es sich beim „psychologisch-praktischen Ruhestandsratgeber" (so hieß der Arbeitstitel) um ein Projekt zu handeln, das für eine Diplom-Psychologin und einen Journalisten ohne größere Nebenwirkungen zu bewältigen sein sollte. Einschlägige Fachliteratur ist in Fülle vorhanden, die Zahl der Einrichtungen, Institutionen, Verbände und Gruppen, die sich mit sogenannten Seniorenfragen beschäftigen, ist Legion. Und es war auch klar, daß es so etwas wie „objektive Informationen" nicht geben würde, weil die Schlüsse, die aus angeblich so unantastbaren Fakten gezogen werden können, buchstäblich Ansichtssache sind, gelenkt, gefiltert und beeinflußt durch die eigene Berufs- und Lebenserfahrung sowie durch Einstellungen, Abhängigkeiten und Vorlieben.

Nicht immer ist auf den ersten Blick erkennbar, welche Absichten bestimmten „Interpretationen" zugrunde liegen. Die persönliche Erfahrung in unseren eigenen Berufen hat uns skeptisch gemacht gegenüber all den wohlfeilen Heilsbotschaften, Patentrezepten und angeblich so schlüssigen Tatsachen. Man muß nicht immer gleich Unrat wittern, aber eine gewisse Wachsamkeit halten wir für angebracht. Es scheint uns deshalb nur fair zu sein, unsere Motivation, ja unsere „Ideologie" offenzulegen - damit Sie als Leserin und Leser wissen, woran sie sind.

Unser Ziel war es - und ist es geblieben -, mit diesem Ratgeber Hilfen zu selbständigem, unabhängigem Handeln zu geben. Unsere Adressaten sind Menschen, die noch im Berufsleben stehen, in absehbarer Zeit aber - freiwillig oder unfreiwillig - mit dem „Ruhestand" konfrontiert sein werden. Und Konfrontation heißt Auseinandersetzung, kann aber durchaus auch mit Konflikt übersetzt werden. Die meisten Menschen meiden Konflikte, entweder indem sie ihnen aus dem Wege gehen oder sie aus dem Bewußtsein verbannen, bis es unvermeidlich geworden ist, sich ihnen zu stellen.

Bereits in einem recht frühen Stadium waren wir uns klar darüber, daß einer der zentralen Ratschläge dieses Buches lauten müßte, sich so früh wie möglich auf jene Lebensphase einzustellen, die wir Ruhestand nennen. In vielen Gesprächen mit unseren Freunden und Bekannten, die sich für den Fortgang des Buches interessierten, wurde uns immer öfter die Frage gestellt, was wir denn selbst im Ruhestand zu tun gedächten und welche Schlüsse wir aus unseren eigenen Ratschlägen zu ziehen bereit seien. Das hat dazu geführt, daß sich ein Autorenpaar, altersmäßig im Dunstkreis der Vierzig, dazu entschlossen hat, ein paar Prioritäten neu zu setzen. Der Beruf ist nicht alles, da gibt es noch ein paar andere Berufungen, die nicht darauf warten können, daß die (hoffentlich) Berufenen endlich in Rente sind.

Wir hoffen, unseren Leserinnen und Lesern dabei helfen zu können, daß sie nach der Lektüre den „gerüsteten" dem rüstigen Rentner vorziehen.

Einleitung

„Der Lebenslauf ist bei fast allen Menschen, ob Männern oder Frauen, gleich; erst kommt die Kindheit, später werden sie alt."
„Die Person des jungen Menschen ist auch nach der Pensionierung noch von der Umwelt beeinflußt."
„Noch als Greis lebt man im Rhythmus von Tag und Nacht, den man als kleines Kind gelernt hat."
„Alternde Leute gehen meist vor Langeweile ein."

(Alle Zitate aus dem dtv-Stilblütenbändchen „Der Schaffner lockerte seine Gefühle")

Was heißt denn hier „alt"!?

Sage noch einer, daß sich schwierige Themen nicht auf ein paar griffige Formulierungen bringen ließen. Zumal Volkes Stimme Laut gegeben hat. Nur stellt sich recht bald heraus, daß die oben geäußerten Annahmen, Thesen und Meinungen nicht als Rüstzeug für künftige Ruheständler taugen. Wiewohl wir den ersten drei Zitaten durchaus einen gewissen Realitätsbezug nicht absprechen können, müssen wir energisch der Vorstellung widersprechen, alternde Leute gingen meist vor Langeweile ein. Derlei ist weder durch eine Fundstelle in der Fachliteratur zu belegen, noch haben unsere Recherchen bei leibhaftigen Menschen einen Hinweis in diese Richtung ergeben. Zugegebenermaßen ist es uns auch nur ganz selten gelungen, jemanden anzutreffen, der uns schlüssig hätte erklären können, was denn tatsächlich unter „alt" zu verstehen sei. Auch die *Sagen des klassischen Altertums* haben uns nicht besonders weitergeholfen. Nicht etwa, weil *Ödipus*, als er das Rätsel der Sphinx löste („Was ist am Morgen vierbeinig, am Mittag zweibeinig, am Abend dreibeinig?" - „Der Mensch!"), zwar ein bekanntes Vorurteil bestätigte und heute ein vielversprechender Kandidat für eine Quizshow im Fernsehen wäre, sondern weil der gebürtige Thebaner einfach keine Ahnung von Rente, Vorruhestand, Trauerarbeit und dem ganzen Rest hatte.

Nun ist *Ödipus* aus bekannten Gründen als potentieller Leser dieses Buches unansprechbar. Das ist betrüblich, aber nicht mehr zu ändern. Und damit wären wir endlich beim Thema:

Unser Ratgeber handelt nämlich von Veränderungen und davon, wie man mit diesen Veränderungen umgehen kann.

Gewöhnlich ist der Tag, an dem ein beliebiger berufstätiger Mensch zum Ruheständler wird, vorzugsweise Anlaß für mehr oder minder ausgedehnte Feiern und Ansprachen im Kreis der Kollegen und Vorgesetzten. Romantischen Naturen mag es dabei ergehen wie *Beethoven*, der vom Hauptthema des ersten Satzes seiner fünften Symphonie gesagt hat: „So pocht das Schicksal an die Pforte." Ansonsten selbstkritische Zeitgenossen lassen sich angesichts der Lobreden auf die eigene Person zu der sentimentalen Ansicht hinreißen, daß in jeder Legende ein Körnchen Wahrheit stecke. Leserinnen und Leser dieses Buches gehen moralisch gefestigt zu ihrer Abschiedsfeier, sie ignorieren, daß der Sekt zu süß und zu warm ist, die Brezeln zu alt und die Reden zu abgestanden. Dafür haben sie eine relativ klare Vorstellung davon, was sie im Ruhestand tun möchten, was sie tatsächlich tun können und wie sie es schaffen, eine unvermeidlich schwierige Umstellungsphase zu meistern, ohne von den Ereignissen und Gefühlen überrollt zu werden.

So hilft dieses Buch

BEISPIEL TANTE HILDE

„Ich bin jetzt schon fast so lange in Rente, wie ich gearbeitet habe. Und ich hab' mir noch nie dreinreden lassen, weder damals noch heute, von keinem Mann und von keinem Chef. Ich lebe, wie es mir paßt." Tante Hildchen geht beträchtlich auf die 90 zu. Aber das „Hildchen" oder die „Tante" würde sie sich bei jedem außer ihrem Neffen energisch verbitten.
„Frau Müller, bitte", sagt sie dann freundlich, aber unmißverständlich. Tante Hilde ist selbstbewußt, weil sie sich ihrer selbst bewußt ist. Sie weiß, daß die Jahre ihren Tribut gefordert haben. Die halben Weltreisen, die sie noch mit 80 unternommen hat, läßt sie heute lieber bleiben. Trotzdem macht sie ihren Haushalt allein. Weil sie das so will, nicht weil es Schicksal ist. Ihren einstigen Lebensgefährten hat sie schon vor Jahren in die Wüste geschickt, als der sich in ihre Angelegenheiten mischen wollte. Mit wem Tante Hilde zusammen ist, das entscheidet ganz alleine sie.

Ein Schlüsselbegriff: Selbstbewußtsein

„Selbst-bewußt-Sein" hilft uns, unser Leben selbst zu gestalten. Nicht auftrumpfend nach dem Motto, „Hoppla, jetzt komme ich", sondern mit dem klaren Wissen um die eigenen Stärken und Schwächen. Es gibt genügend andere, die mit ihren Einschätzungen und Meinungen von uns in unser Leben eingreifen - da sollten wenigstens wir unser selbst sicher sein, wissen, was wir wollen und was wir können. Das Arbeitsamt ist bereits bei Vierzigjährigen skeptisch, ob sich eine Umschulung überhaupt noch lohnt. Dreißigjährige stellen beim Pausengespräch im Jazz-Club mit mildem Entsetzen fest, daß sie von der - zugegeben deutlich jüngeren - Tresenbekanntschaft gesiezt werden, wo doch alle anderen per Du sind. Der Firma, der es wirtschaftlich nicht mehr so gold geht, kommt bei der geplanten Sanierung am ehesten in den Sinn, daß man „die Älteren" bereits mit 55 in den Vorruhestand schicken könnte, um Entlassungen zu vermeiden. Werbung und Showgeschäft konfrontieren uns mit einem Schönheitsideal, das so sehr die Jugendlichkeit betont, daß sich schon Mittzwanziger als Greise fühlen müssen. Andererseits ist die werbetreibende Wirtschaft gerade dabei, den sogenannten älteren Menschen als zahlungskräftigen Konsumenten zu entdecken.

„Selbst-bewußt-Sein" ist also nicht erst kurz vor der Rente ein Schlüsselbegriff. Dann aber um so mehr, weil der Übergang vom Berufsleben in den sogenannten Ruhestand (gleichgültig, ob der eigene oder der des Partners) besonders stark in unser Leben eingreift. Uns unser selbst bewußt zu sein versetzt uns in die Lage, Herr(in) unserer Lebensplanung zu sein und zu bleiben. Wer sich seiner selbst bewußt ist, kann den Übergang planen und gestalten, verarbeitet das Aufgeben des Berufes, das auch als Verlust empfunden und betrauert wird, leichter und findet sich auch unter den veränderten Bedingungen besser in seinem Leben zurecht.

Arbeits- und Handbuch, keine Rezeptesammlung

Dieser Ratgeber möchte zeigen, welche psychischen Mechanismen wirksam werden, wenn Menschen sich auf neue Situationen wie den Ruhestand einzustellen versuchen, welche Reaktionen auf diese Verlustsituation zu erwarten sind. Wir bemühen uns, Transparenz herzustellen, was die psychischen Bedingungen, aber auch das politische und wirtschaftliche Umfeld angeht. Nutzen Sie das Buch bitte nicht wie eine Rezeptesammlung, sondern eher wie ein Arbeits- oder Handbuch. Lassen Sie sich zum Mitmachen animieren, und nutzen Sie die checklistenartigen Tabellen zum Ausfüllen und den Fragebogen als Instrumente, als Hilfsmittel, um sich über Ihre persönlichen Bedingungen klarzuwerden. Die praktischen Ratschläge und Hinweise, etwa was Teilzeitarbeit, Vorruhestand oder die Finanzen angeht, sollten als Denkanstöße verstanden werden, genauso wie die Fallbeispiele, die Hinweise auf weiterführende Literatur oder der Adressenteil.

Im dritten Teil des Buches wollen wir Vorschläge unterbreiten, welche Aktivitäten für Sie im Ruhestand interessant sein könnten. Sportliche, gesellschaftliche oder Aktivitäten in der Bildung beispielsweise. Außerdem geht es um Fragen der Gesundheitsvorsorge. Wir werden uns aber hüten, Ihnen Ratschläge nach dem Muster „Gesund und fit bis ins hohe Alter" oder „40.000 Kochrezepte für den Seniorenhaushalt" zu geben. Spätestens in der Auseinandersetzung mit den ersten beiden Teilen des Buches haben Sie sich nämlich schon das nötige Rüstzeug erarbeitet, um entscheiden zu können, was Ihren eigenen Bedürfnissen, Wünschen und Möglichkeiten entspricht. Und die allein sind maßgebend - Patentrezepte hingegen völlig fehl am Platz.

Praktische Tips für den Alltag

Teil I

Nächstes Jahr gehe ich in Rente

Die gemischten Gefühle

Als *Anthony Quinn* in der Rolle des *Alexis Sorbas* einem jungen Schnösel endlich den Sirtaki beigebogen hatte, lehnten wir uns in den Kinosessel zurück und zerquetschten ein paar sentimentale Tränen im Augenwinkel. Welch ein Sehnen nach so viel selbstgewisser, vitaler Unabhängigkeit. *Anthony Quinn* müßte man sein!

Aber machen wir uns nichts vor: Wahre Selbstbestimmung ist eine Illusion. Diese Erkenntnis ist zwar recht ernüchternd, sie bewahrt uns aber davor, mit unerfüllbaren Wunschvorstellungen an unsere Lebensplanung heranzugehen. Statt eines Tänzchens unter der milden griechischen Sonne erwarten uns lediglich herbe Enttäuschungen, wenn wir uns in die eigene Tasche lügen. Wir sind, ob wir das wollen oder nicht, Teil von hochkomplizierten Gemeinwesen, denen wir uns kaum entziehen und nur in unseren Träumen und im Kino entfliehen können - von ein paar Glückspilzen abgesehen.

Wunschvorstellungen kontra Realität

Die meisten von uns werden deshalb - aus finanziellen, politischen oder gesundheitlichen Gründen - kaum in der Lage sein, völlig unabhängig zu entscheiden, wann die Zeit für den Ruhestand gekommen ist. Stets reden auch andere ein gewichtiges Wörtchen mit: Politiker, Gewerkschaftler, Unternehmer, Ärzte. In der Frage des Ruhestandes werden wir eben *nicht* in Ruhe gelassen, bis wir innerlich soweit sind.

Abhängigkeiten: Rentner wider Willen?

Wer einen körperlich sehr schweren Beruf ausübt, der möglicherweise bereits Folgen für die Gesundheit hatte - denken wir an so typische Berufskrankheiten wie Wirbelsäulenschäden oder Erkrankungen der Atemwege -, ist gut beraten, einen vorzeitigen Ruhestand anzustreben. Bereits jetzt scheidet nahezu die Hälfte aller Arbeitnehmer vorzeitig, also bevor die gesetzliche Ruhestandsgrenze erreicht ist, wegen berufsbedingter Krankheiten aus dem

Vorruhestand

Erwerbsleben aus. Auch der Weg, Frühinvalidität durch vorbeugenden Gesundheitsschutz oder einen Wechsel zu einer weniger belastenden Arbeit zu vermeiden, ist durch die Arbeitsmarktlage sehr viel schwieriger geworden. Die begehrten sogenannten Schonarbeitsplätze als Pförtner, Telefonistin oder zum Beispiel in der Endkontrolle sind rar und werden häufig nur auf kurze Zeit vergeben.

Die Arbeitsmarktlage: alles andere als rosig!

Wer jung genug ist – und „jung" heißt in der Regel unter 40, maximal 45 Jahren –, wird nicht selten vom Arbeitgeber gedrängt, mittels Umschulung den Beruf zu wechseln. Das ist für sich genommen noch kein unsittlicher Antrag, aber eines sollte klar sein: Eine Garantie auf Wiedereinstellung wird es wahrscheinlich nicht geben. Bei über Fünfzigjährigen wird häufig versucht, das „Problem" über den vorzeitigen Ruhestand zu lösen. Arbeitnehmer zwischen diesen beiden Altersgruppen haben Glück, wenn ihr spezieller Arbeitsplatz nicht wegrationalisiert wird. Zum Beispiel entfällt mit zunehmender Gruppenarbeit in der Industrie der Arbeitsplatz in der Endkontrolle, da jedes Gruppenmitglied für die Qualitätssicherung seiner Arbeit selbst zuständig und verantwortlich ist. Ein Ende dieses Trends ist derzeit nicht abzusehen, da die Unternehmen zunehmend ihr Heil in sogenannten Total-Quality-Management-Systemen suchen, die zum Teil die angesprochene Gruppenarbeit und die Qualitätssicherung durch die Fachkräfte des Teams selbst beinhalten. Insbesondere große und sehr große Unternehmen setzen auf diese Systeme. Unglücklicherweise sind es aber gerade die Branchengrößen gewesen, die bislang auch wirtschaftlich in der Lage waren, die angesprochenen weniger belastenden Arbeitsplätze in der Endkontrolle zur Verfügung zu stellen.

Es gibt aber auch zahlreiche Berufe, die psychisch sehr belastend sind. Die Fachleute haben den Begriff des „Burn-Out" geprägt. Vor allem soziale Berufe bergen in sich die Gefahr des „Ausbrennens". Krankenschwestern, Sozialarbeiter, Psychologinnen, Erzieherinnen zum Beispiel müssen sich täglich sehr intensiv mit den Problemen anderer Menschen auseinandersetzen. Doch irgendwann geht bei vielen die innere Beteiligung verloren, weil die Grenze der psychischen Belastbarkeit erreicht wird. Die stete Beschäftigung mit den Schwierigkeiten anderer führt schließlich dazu, daß „man einfach nicht mehr kann", seinen Aufgaben nur noch mechanisch nachkommt und häufig sogar psychosomatische Beschwerden entwickelt. Wer „jung genug" ist – der Maßstab ist wieder der Arbeitsmarkt –, hat vielleicht noch die Chance einer Umschulung. Meist bedeutet der „Burn-Out" aber das Ende des bisherigen Berufslebens, ob als Vorruheständler oder mit Berufsunfähigkeitsrente. Für wen beides nicht möglich ist, der zieht sich (meist) in die „innere Emigration" zurück.

Körperliche und psychische Belastungen durch die Berufstätigkeit betreffen indes natürlich nicht nur Angestellte und Arbeiter. Auch Selbständigen, vor allem im Handwerk, ergeht es kaum besser:

BEISPIEL BERUFSUNFÄHIGKEIT EINES BÄCKERMEISTERS

Herr N. ist Bäckermeister und hat seinen eigenen Betrieb mehr als 20 Jahre lang erfolgreich geführt. Mit Ende 50 traf ihn das Schicksal vieler Bäcker: Er erkrankte an der für sein Metier typischen Berufskrankheit, der Mehlstauballergie, die umgangssprachlich auch als Bäckerasthma bekannt ist. Die zuständige Berufsgenossenschaft bestand darauf, daß der Bäckermeister seinen Betrieb sofort schließen müsse, damit sich die Krankheit nicht verschlimmere. Alle beteiligten Stellen erwarteten nichts anderes, als daß sich Herr N. hochzufrieden ins Rentnerdasein zurückziehen würde. Weit gefehlt, denn der gestandene Bäckermeister mochte nicht einsehen, warum seine reichen Erfahrungen in betriebswirtschaftlichen, organisatorischen und beruflichen Dingen nicht anderweitig einsetzbar sein sollten und bestand darauf, sein Recht auf eine Umschulung wahrzunehmen. Herr N. war der Meinung, daß er mit einer zusätzlichen kaufmännischen Ausbildung einem potentiellen Arbeitgeber noch viel zu bieten hätte.

Wie die Geschichte konkret ausgegangen ist, wissen wir nicht. Seine Umschulung hat Herr N. wohl nicht gekriegt. Mit etwas Glück wurde ihm vielleicht eine Fortbildung oder Hilfe bei der Einarbeitung in eine neue Tätigkeit oder an einem neuen Arbeitsplatz gewährt. Im günstigsten Fall war er findig genug, für sich eine berufliche Nische zu finden. Aus der Erfahrung ist aber zu erwarten, daß Herr N. doch Rentner wider Willen geworden ist.

Umschulung – nur was für „Junge"!

Der Arbeitsmarkt ist in beinahe allen Ländern Mitteleuropas auf lange Sicht so stark angespannt, daß sich kaum Alternativen bieten werden, wenn die Weiterarbeit im alten Job aus gesundheitlichen oder anderen Gründen unmöglich ist. Selbst wenn keine persönlichen Einschränkungen vorliegen, wird es nach einer (längeren) Arbeitslosigkeit immer schwerer, einen neuen Job zu finden. Arbeitgeber neigen in wirtschaftlich schwierigen Situationen dazu, an den Enden der Altersskala zu kappen, also bei den ganz Jungen, die keine oder nur schwer eine Lehrstelle bekommen, und bei den älteren Arbeitnehmern.

Die Arbeitsämter in der Bundesrepublik Deutschland haben den Begriff „älterer Arbeitnehmer" praktisch in ihre Liste der Vermittlungshemmnisse aufgenommen. Auch wenn die Einstufung als „älterer Arbeitnehmer" generell abhängig ist von der Qualifikation, vom Jobangebot, der allgemeinen Arbeitsmarktsituation und den regionalen Besonderheiten, werden doch zur Zeit in Deutschland bereits Fünfzigjährige zu dieser Gruppe gezählt.

Sehr begrenzt sind die Einflußmöglichkeiten der oder des einzelnen auch dann, wenn ein Betrieb aus vorgeblichen oder tatsächlichen Rationalisierungserwägungen die Belegschaft verkleinern möchte. In den günstigeren Fällen einigt sich die Geschäftsleitung dann mit Betriebsrat, Gewerkschaften und Arbeitsämtern auf sehr unterschiedliche Vorruhestandsmodelle, die - je nach regionaler Bedeutung des Betriebes oder der Branche - mal großzügiger, mal knauseriger gestaltet sein können. In jedem Falle aber sind es wieder die „älteren" Arbeitnehmer, denen nahegelegt wird, zwischen Arbeitslosigkeit und Vorruhestand zu entscheiden. Manchem mag das wie die Wahl zwischen Pest und Cholera erscheinen.

Noch ein Wunschtraum: flexible Altersgrenzen

Aber auch dann, wenn alles seinen geregelten Gang geht - also die bis vor kurzem zumindest in der Bundesrepublik Deutschland noch geltende starre Altersgrenze von 65 Jahren (für den Mann) erreicht ist -, beschränkt sich die Selbstbestimmung auf das Gestalten des Unvermeidlichen. Hier ist zwar einiges in Fluß geraten - als Stichworte seien nur „Teilrente" oder „Flexibilisierung der Lebensarbeitszeit" genannt -, Veränderungen lassen sich aber nur allmählich beobachten, noch immer regiert die „magische" Zahl 65. Lediglich Frauen können - noch - ab 60 Jahren den Rentenzeitpunkt selbst bestimmen, langjährig beschäftigte Männer zwischen 63 und 65 Jahren.

Den Spieß umdrehen: planen und mitgestalten!

Alle oben genannten Beispiele zeichnen offensichtlich ein eher pessimistisches Bild. Das ist aber nur dann richtig, wenn man unrealistische Wunschvorstellungen mit sich herumschleppt. Tatsächlich tun sich nämlich gerade dort große Gestaltungsspielräume auf, wo es gelingt, den nahenden Ruhestand - ob gewollt oder ungewollt - als ein Ereignis zu begreifen, das nicht überfallartig auf einen zukommt, sondern das man in der Regel über einen längeren Zeitraum hinweg vorhersehen und in bestimmten Grenzen doch planen kann. Die 1989 vom *Eidgenössischen Departement des Innern* beauftragte Kommission hat in ihrer Kurzfassung des Berichts „Altern in der Schweiz" sogar eine sehr optimistische Sichtweise geprägt: „Dieser Lebensabschnitt ist der einzige, der heutzutage für die Mehrheit der Bevölkerung in einem genau festgelegten Alter, nämlich mit 65 Jahren, beginnt. (...) Frauen und Männer profitieren nun von einer Situation, wie sie früher nur einige wenige Privilegierte kannten: Die Eheleute sind noch rüstig, verfügen über ein Einkommen und sind von der Arbeitspflicht befreit. Anders gesagt, dürfen sie nun nach der Maxime Rabelais' (Abtei von Thélème) leben: 'Mach, wozu du Lust hast!'"

Aktiv mitgestalten beugt Pessimismus vor

Genau das ist Ihre Einstellung? Na wunderbar! Dann ist das Thema vorgezogener Ruhestand und/oder Frühpensionierung ja alles andere als belastend für Sie, und Sie können es vermutlich kaum erwarten, endlich Rentner zu sein. Schließlich haben Sie ja noch viel vor oder freuen sich darauf, endlich Ruhe zu haben. Höchstens mag es Sie stören, daß der Ruhestand so plötzlich gekommen ist und Sie die Vorfreude darauf gar nicht so recht auskosten konnten.

Wie auch immer Sie dem Ruhestand entgegensehen - in freudiger Erwartung oder eher skeptisch -, dann und wann werden sich die „gemischten Gefühle" einstellen. Und die sind ganz natürlich. Jenes Schwanken also zwischen Unsicherheit, ja Angst, und freudiger Erwartung. Auf Ungewohntes und Neues reagiert jeder Mensch mit einer gewissen „Nervosität". Die ist auch notwendig, weil sie eine erhöhte Wachsamkeit erzeugt, die wir wiederum brauchen, um besser mit ungewohnten Situationen umge-

Gemischte Gefühle sind völlig normal

> **TIP**
>
> Nehmen Sie die „Zeit des Übergangs" als Herausforderung an. Ein aktives Mitgestalten nimmt dem Unbekannten viel von seinem Schrecken.

hen zu können. Wichtig ist aber, sich von dieser Unsicherheit nicht überwältigen zu lassen, sondern die eigenen Vorstellungen an der Wirklichkeit zu überprüfen. Dann erst wird erkennbar, wo Spielraum für das eigene Gestalten bleibt.

Diese Unsicherheiten, die ja ganz konkrete Gründe haben, wie etwa der Verlust der bisherigen Rolle im Beruf und im Privatleben oder mögliche finanzielle Einschränkungen, können nur dann in eine echte Krise umschlagen, wenn die genannten Spielräume verlorengehen oder nicht erkannt werden. Wie diese Krise gemeistert wird oder ob sie - was bei relativ wenigen Älteren über 65 Jahren der Fall ist - zu psychischen und körperlichen Krankheiten führt, hängt zum Großteil davon ab, wie wir gelernt haben, die Hochs und Tiefs in unserer Biographie zu bewältigen. Der Kommissionsbericht „Altern in der Schweiz" bezieht sich auf *J. Fabre*, Honorarprofessor an der Universität Genf: „Das Leben kann als Ergebnis einer ständigen Erneuerung aufgefaßt werden. Manche Momente im Leben veranlassen uns mehr als andere, radikale Entscheide zu treffen, ja sie zwingen uns sogar dazu, weil sie eine Umkrempelung des gesamten Alltags, eine Neudefinition der Lebensprojekte und -ziele erfordern. Die Pensionierung stellt einen solchen einschneidenden Moment im Leben des modernen Menschen dar: Sie bewirkt eine vollständige Befreiung von allen Verpflichtungen, die bisher das Leben regelten."

Die Forschung hat herausgefunden, daß Übergänge von einem Lebensabschnitt in den anderen dann erfolgreich durchlaufen werden, wenn diese als Herausforderung, als neue Aufgabe, die es zu meistern gilt, angesehen werden. Daß Veränderungen eintreten, ist - jenseits der persönlichen Einschätzung - nicht zu leugnen. Unsere Erfolgsaussichten, diese Übergänge ohne krankmachende Krise zu überstehen, hängen ganz wesentlich davon ab, daß wir die Herausforderung annehmen und unsere Einstellungen und Verhaltensweisen daran anpassen. Offensichtlich gehören Sie zu jenen, die den Ruhestand und die Übergangszeit davor als Herausforderung angenommen haben, denn warum sonst setzen Sie sich mit diesem Buch auseinander?

DIE GEMISCHTEN GEFÜHLE 19

Was will ich?

Das Thema im letzten Kapitel hieß: die gemischten Gefühle. Es war die Rede davon, daß Unsicherheit, ja Angst vor einem neuen Lebensabschnitt, vor Neuem ganz allgemein, völlig natürlich und „in Ordnung" sind. Es wurde aber auch gesagt, daß es notwendig ist, sich darüber klarzuwerden, welche Umstände zu akzeptieren sind, weil sie individuell nicht beeinflußbar sind, und wo sich Handlungsspielräume ergeben, die gestaltet werden können. Diese Unterscheidung vermögen wir aber nur dann zu treffen, wenn wir versuchen, etwas Ordnung in die gemischten Gefühle zu bringen. Und darum geht's jetzt ganz konkret.

Keine falsche Bescheidenheit: Jetzt steht das Wort „ich" im Mittelpunkt. Folgende Fragen sind zu klären:

▶ Was will ich?
▶ Welche Wünsche habe ich?
▶ Worauf freue ich mich?
▶ Wovor habe ich Angst?
▶ Was habe ich zu erwarten?

Eine große Hilfe: Wünsche und Ängste aufschreiben

Die Liste ist beliebig verlängerbar und sollte auch verlängert werden. Was wir nun brauchen, ist ein bißchen Ruhe, ein wenig Zeit, die folgende Check-up-Tabelle als Muster, einen (Blei-)Stift und die Bereitschaft, aufrichtig uns selbst gegenüber zu sein. Penibel wie ein guter Buchhalter wollen wir nämlich nach Plus und Minus auflisten, worauf wir uns freuen (PLUS) und wovor wir Angst haben (MINUS). Dadurch wird auch klar, was noch ungeklärt ist und worauf wir uns sicher verlassen können. (Möchten Sie nicht ins Buch hineinschreiben, können Sie diese wie auch alle anderen Listen natürlich auf einem separaten Blatt anlegen.)

WAS WILL ICH?

PLUS

- Ausgiebig frühstücken
- In Ruhe Zeitung lesen
- Jetzt gehe ich auf Reisen
- Endlich ausschlafen
- Endlich Zeit für meine Schallplattensammlung
- Ob sich die alte Dixieland-Band wohl reaktivieren läßt?
- Jetzt kaufen wir uns das Haus in Frankreich
- Jetzt schreibe ich die Familien-Chronik auf
- usw.

Worauf ich mich freue

MINUS

- Streit mit dem Partner
- Die Rente könnte nicht reichen
- Jetzt ist alles vorbei
- Langeweile
- Ich werde ganz schön einsam sein
- Ich fühle mich so richtig alt
- Die nehmen mich doch jetzt nicht mehr für voll
- Die denken doch bestimmt, ich spiele jetzt ständig Babysitter
- usw.

Wovor ich Angst habe

Schon beim Aufschreiben fällt auf, daß die diffuse Angst, die wie eine Wolke kaum zu fassen ist, in kompakte, begreifbare und recht handliche „Teile" zerfällt. Das Unbekannte verwandelt sich bei näherer Betrachtung nämlich in ganz einfache, fast schon banale Alltäglichkeiten. Vermutlich werden sich auf der Liste – neben anderen natürlich – folgende Themen wiederfinden:
- ▶ Werde ich mit meinem Geld auskommen?
- ▶ Wie wird es sich auf meine Familie auswirken, wenn ich jetzt jeden Tag zu Hause bin?
- ▶ Werde ich nicht die täglichen Kontakte zu meinen Kollegen/Kunden vermissen?
- ▶ Was wird diesen Kontakt ersetzen?
- ▶ Was fange ich mit meiner vielen freien Zeit an?

Meine Hoffnungen und Erwartungen

Aber auch die Hoffnungen und Erwartungen stellen sich jetzt viel deutlicher dar:
- ▶ Wird es nicht herrlich sein, jetzt mehr Zeit für meine Hobbys zu haben?!
- ▶ Endlich kann ich mich auch einmal abends mit meinen Freunden treffen, ohne an die Arbeit am nächsten Tag denken zu müssen!
- ▶ Wann habe ich eigentlich das letzte Mal mit meiner Frau/meinem Mann ohne Hetze gefrühstückt? Jetzt werde ich jeden Tag Zeit dazu haben.
- ▶ Wie schön, schon morgens im Straßencafé sitzen zu können, um Zeitung zu lesen und den Leuten zuzuschauen!
- ▶ Wollte ich eigentlich nicht schon längst mal mein Französisch aufpolieren? Jetzt melde ich mich endlich zu dem Kurs in der Volkshochschule an.
- ▶ Jetzt werde ich endlich einmal Ruhe haben, Zeit zum Nichtstun, zum Ausspannen und zum Nachdenken.

Ist Ihre Liste länger, sind Ihre Vorstellungen ein wenig anders? Das war zu erwarten. Trotzdem: Wahrscheinlich werden sich auf jeder Liste Themen wiederfinden, die sich um Finanzen, Freizeit, Familie, Freunde drehen. Wie auch immer formuliert, enthalten sie doch einen jeweils handfesten Kern, der sehr eingehend überprüft werden sollte, wenn man unliebsame Überraschungen und Enttäuschungen vermeiden möchte.

Und auch hier sollten wir möglichst realistisch sein: „Geld" und „Menschen" heißen die beiden zentralen Themen, um die es im folgenden gehen wird. Beruhigend zu wissen: Diese Bereiche sind beeinflußbar (wenn man rechtzeitig tätig wird), oder zumindest ist recht frühzeitig abschätzbar, wie es um sie steht.

Beeinflußbar: Finanzen und soziale Kontakte

Soziale Kontakte kontra Einsamkeit

Auf folgende Fakten haben wir uns einzustellen: Wer seine sozialen Kontakte und Aufgaben ausschließlich aus dem Berufsumfeld gewonnen hat, wird sich kaum mit Zufriedenheit im Ruhestand einrichten können. Das gilt selbst dann, wenn der bisherige Beruf sehr belastend oder nicht besonders interessant war und die erste Zeit in Rente regelrecht als Erlösung empfunden wird.

Nachvollziehbar ist auch, daß eine unangenehme familiäre Situation nicht gerade die Freude auf das Rentnerdasein fördert. Die außerberuflichen Kontakte sind um so wichtiger für alle Ledigen, Getrenntlebenden, Geschiedenen oder Verwitweten, denen ohne entwickelte Freundschaften und Bekanntschaften Isolation und Vereinsamung drohen.

TIP

Sorgen Sie frühzeitig für soziale Kontakte außerhalb des Berufsumfeldes.

Auf einen erfreulichen Umstand hat allerdings die Altersforscherin *Ursula Lehr* hingewiesen. Ein Forschungsbericht habe zutage befördert, „... daß die Isolation Älterer mehr einem Mythos entspricht als der Realität; einem Mythos, der von manchen Gruppen und Verbänden aufrechterhalten werde, um deren eigene Existenzberechtigung nachweisen zu können. Der isolierte ältere Mensch stellt in allen europäischen Ländern nur eine kleine Minderheit dar, die bei den Über-65-jährigen der Gesamtbevölkerung nicht einmal die Fünf-Prozent-Grenze erreicht."
(Aus: Ursula Lehr, Zur Situation der älteren Frau, Bestandsaufnahme und Perspektiven bis zum Jahr 2000, Verlag C.H.Beck, München 1987)

Die Forscherin wendet sich gegen weitere Vorurteile, etwa jenes, wonach Frauen (und Männer), die in einem Ein-Personen-Haushalt lebten, einsamer seien als Verheiratete. Es treffe zwar zu, daß gerade Frauen, die sich ein Leben lang auf Familie und Ehemann konzentriert und deswegen ihre sozialen Kontakte vernachlässigt hätten, sich einsam fühlten, wenn die Kinder weggezogen und der Mann gestorben sei. Andererseits seien aber Alleinstehende, die bereits in früheren Jahren gelernt hätten, alleine zu sein und den Freundes- und Bekanntenkreis zu pflegen, in den späten Lebensjahren vom Schicksal begünstigt.

Einsamkeit – auch eine Sache der eigenen Erwartungen

Tatsächlich ist das Gefühl der Einsamkeit weniger davon abhängig, ob die Kontakte zu anderen Menschen objektiv zu gering (oder ausreichend) sind, sondern eher davon, welche Erwartungen an die Qualität und die Häufigkeit dieser Kontakte gestellt werden. Unrealistisch hohe Erwartungen lassen weit eher das Gefühl von Einsamkeit entstehen. *Ursula Lehr* ist zu der recht krassen Empfehlung gekommen, daß unrealistische Erwartungen eben nach unten korrigiert werden müßten: „Manch ein älterer ‚einsamer' Mensch muß ‚lernen', daß es seinem Sohn oder seiner Tochter nicht zuzumuten ist, ihn ständig zu besuchen."

Ruhestand – von wegen Stillstand!

Nehmen Sie auch Abschied von einer anderen, leider weitverbreiteten Ansicht, der nämlich, daß mit dem Eintritt in den Ruhestand eine Entwicklung zum Stillstand komme. Dieses Vorurteil mag daher rühren, daß die Rentnerrolle stets im Gegensatz zum Berufsleben gesehen wird. Unbewußt und ungesagt wird der Abschluß der Berufstätigkeit mit dem Abschluß aller Entwicklung, ja mit Endgültigkeit gleichgesetzt. Hinzu kommt, daß Ruhestand und Rente mit dem Wort „alt" gleichgesetzt werden. Wäre „alt" nur das Gegenteil von „jung", die Konsequenzen blieben tragbar. „Jung" und „alt" werden aber auch wie Qualitäten behandelt, gleichbedeutend mit „gut" und „schlecht".

Wo immer die beinahe schon sprichwörtlichen „rüstigen Rentner" zitiert werden, lassen sich Wetten darauf abschließen, daß ein Satz wie „Man ist so jung, wie man sich fühlt" vorkommt. Diese Botschaft ist aber nur oberflächlich tröstlich, denn sie bedeutet eigentlich: Niemand möchte alt sein, weil Altsein etwas Schlechtes ist. Es gibt sogar durch wissenschaftliche Untersuchungen fundierte Argumente dafür, „alt" lediglich in einem relativen Sinne von „älter als" zu begreifen. Denn Fakt ist, daß sich der Mensch entwickelt und verändert, solange er lebt. Inwieweit diese Veränderungen und Entwicklungen gestaltet oder nur hingenommen werden können, hängt von den bisher gemachten Erfahrungen und den erworbenen Fähigkeiten ab (diese Fähigkeiten lassen sich nämlich durchaus aktiv erwerben).

Der Mensch entwickelt sich weiter, solange er lebt

Damit wir uns nicht mißverstehen: Das andere Extrem ist nicht gemeint. Der allgemeine Jugendkult, der in den Medien, der Werbung, aber auch von unseren fitneßverliebten Mitmenschen betrieben wird, vergöttert nichts so sehr wie Attraktivität, Aktivität und Leistung. Wo Jungsein aber zur Pflicht wird, tappen wir beinahe unbemerkt in die böse Falle, das Alter und das Älterwerden mit all seinen Begleiterscheinungen völlig aus unserem Bewußtsein zu verbannen, ja sogar vor diesen Vorstellungen zu fliehen. Das mag auch sehr lange funktionieren, weil sich im üblichen Rentenalter die Interessen und Bedürfnisse nicht allzusehr von denen jüngerer Menschen unterscheiden.

Bei vielen Älteren stellt sich aber früher oder später - oft erst jenseits des 75. oder 80. Lebensjahres - das Bedürfnis ein, die Dinge ein wenig ruhiger angehen zu lassen, sich aus einigen Aktivitäten zurückzuziehen. Das kann auch heißen, daß man mehr Zeit alleine verbringen möchte - ohne sich dabei einsam zu fühlen. Diese Signale, diese Bedürfnisse sollten Sie ernst nehmen, wenn die Lust und die Fähigkeiten allmählich schwinden sollten, stets am „Puls der Zeit" zu sein. Aber behalten wir auch im Gedächtnis, daß diese Entwicklung aller Voraussicht nach erst in sehr späten Lebensjahren eintreten wird. Wir sind noch längst nicht soweit.

Rechtzeitig den Handlungsspielraum nutzen!

Ohne Aufgaben und ohne Menschen, mit denen wir Kontakte pflegen, gibt es kaum eine befriedigende Ruhestandsperspektive. Kümmern wir uns also darum, solange noch Handlungsspielraum besteht, und nicht erst dann, wenn Fakten geschaffen sind. Auf diese Weise besteht auch die Chance, jener Falle zu entgehen, in die

> **TIP**
>
> Ziehen Sie frühzeitig Bilanz: Wie steht's um meine finanziellen Verhältnisse und um mein privates Umfeld?

die meisten Noch-nicht-Ruheständler tappen. Die wenigsten nämlich haben sich auf die Zeit danach überhaupt eingestellt. Weder ist ihnen klar, welche Rentenhöhe sie zu erwarten haben, noch haben sie sich damit beschäftigt, welche Veränderungen auf sie zukommen, wenn der tägliche Rhythmus und die Kontakte zu den Kollegen wegfallen. Besonders fatal ist die Situation dann, wenn die Freizeitaktivitäten von einst nicht dazu geeignet sind, im Ruhestand fortgeführt zu werden (oder wenn gar eine aktive Freizeitgestaltung während des Berufslebens ganz gefehlt hat).

Leider ist es auch so, daß selbst die ausgesprochene Sehnsucht nach dem Ruhestand keine Garantie dafür darstellt, daß diese Lebensphase bereits von Beginn an als besonders angenehm empfunden wird. Umgekehrt kommen häufig gerade jene gut zurecht, die lieber weitergearbeitet hätten, weil der Beruf besonders anregend war. Allerdings verschwinden diese Unterschiede mit der Zeit: Nach etwa zwei bis fünf Jahren haben sich die meisten Rentner mit ihrem Ruhestand zufriedenstellend arrangiert.

Wer aktiv lebt, hat die Wahl

Von bestimmten persönlichen Voraussetzungen abgesehen, läßt sich bereits an den Freizeitbeschäftigungen während des Berufslebens abschätzen, ob der Ruhestand als befriedigende und erfüllte Lebensphase empfunden werden wird: Je anspruchsvoller und abwechslungsreicher Berufsleben und Freizeitaktivitäten waren, um so besser stehen die Chancen, schließlich die Wahl zu haben. Und dies ist eines der Anliegen dieses Ratgebers: Hilfestellung geben, um Chancen zu erschließen oder zu erhalten. Schließlich kann es nicht um eine wie auch immer formulierte Empfehlung gehen, die unterstellt, daß nur der etwas mit seinem Rentnerleben anzufangen weiß, der sich in die vielfältigsten Aktivitäten stürzt. Der Wunsch nach Intimität, Ruhe oder Zurückgezogenheit ist nicht nur legitim, sondern für die eine oder den anderen die richtige Antwort auf ein positiv wie negativ aufreibendes Berufsleben.

Die nächsten drei Kapitel des Teil I sollen helfen, sich über die Voraussetzungen des Ruhestandes klarzuwerden. Gemeint sind die finanziellen Verhältnisse und unser privates Umfeld. Und der zentrale Ratschlag heißt: So früh wie möglich Bilanz ziehen - und dann handeln. Nicht erst bis zum letzten Arbeitstag warten, um am nächsten Morgen feststellen zu müssen, daß nichts so ist, wie wir es uns vorgestellt haben.

Wie sehen meine finanziellen Verhältnisse aus?

„Geld ist nicht alles, aber ohne Geld ist alles nichts." Das ist zwar etwas salopp ausgedrückt, dürfte aber für die meisten von uns zutreffen und gilt - wenn auch unter veränderten Vorzeichen - für jede Lebensphase. Für den Ruhestand um so mehr, weil dann nämlich kaum Möglichkeiten bestehen, die finanzielle Situation nachhaltig zu beeinflussen. Desto wichtiger ist es, sich möglichst frühzeitig über die zu erwartenden Bezüge im Alter zu informieren, um unliebsame Überraschungen zu vermeiden und die künftige Lebensplanung daran zu orientieren.

Fast alle Länder Mitteleuropas haben ausgeklügelte Systeme zur Sicherung des Lebensunterhalts nach Ende der Berufstätigkeit entwickelt. Regelmäßig handelt es sich um Kombinationen von gesetzlicher Altersvorsorge, Zusatzversorgungen und rein privater Absicherung, etwa über Lebensversicherungen. Gleichgültig, wie die jeweiligen nationalen Systeme im Detail organisiert sind, handelt es sich immer um Modelle, die an politische, wirtschaftliche und demographische Entwicklungen gekoppelt sind. Grundlage ist darüber hinaus stets das Einkommen während der Berufstätigkeit sowie Zeitraum und Umfang der geleisteten Beiträge.

Alle staatlichen und halbstaatlichen Rentenversicherungssysteme haben damit zu kämpfen, daß die Renten aus den aktuellen Beiträgen der beruflich Aktiven bezahlt werden müssen, auf der anderen Seite aber die durchschnittliche Lebenserwartung und die Zahl der Ruheständler zunimmt, während die Geburtenrate sinkt. Überall wird die Rente als „Alterslohn für Lebensarbeitsleistung" angesehen, der aufgrund eines „Generationenvertrages" ausbezahlt wird. Das mag sehr beruhigend klingen, sollte aber nicht darüber hinwegtäuschen, daß bei den Rentenversicherungsträgern höchst penible Rechner sitzen, die nicht dafür bekannt sind, bei der Rentenkalkulation fünfe gerade sein zu lassen. Versäumnisse, ob selbst verschuldet oder nicht, schlagen immer auf die endgültige Rentenhöhe durch.

Der Generationenvertrag

> **TIP**
>
> Einige Jahre vor Beginn des Ruhestands sollten Sie sich die Höhe Ihrer Altersbezüge ausrechnen lassen, um eventuell noch aufstocken zu können.

Der Ratschlag kann deshalb nur lauten, sich so früh wie möglich über die eigene Beitrags- und Rentensituation zu informieren. Wenn es die Umstände zulassen, mindestens ein Jahr vor dem geplanten Rentenbeginn, besser noch früher. Unglücklicherweise sind die Berechnungsmodelle und „Rentenformeln" - trotz weithin verfügbarer Tabellen und Beispiele - so kompliziert, daß man in der Regel nicht ohne fachliche Beratung auskommen wird. Außerdem - und das gilt besonders für Grenz- und Härtefälle - ist bisweilen sogar juristischer Beistand nötig, will man seine Ansprüche gegenüber dem jeweiligen Rentenversicherungsträger geltend machen. In der Regel wird das zwar überflüssig sein, ändert aber nichts daran, daß ein ausreichendes zeitliches Sicherheitspolster Nerven und Geldbeutel schonen hilft.

Die Rentenhöhe – ein Buch mit sieben Siegeln?

Die Frage nach der Höhe der Rente wird man sich in aller Regel kaum selbst beantworten können. Und schon gar nicht rechtlich verbindlich. Der Weg zur Rentenberatung ist also unvermeidlich. Wo die zu finden ist, darüber gibt meistens schon das Telefonbuch Auskunft. Im Zweifelsfall genügt ein Anruf beim zuständigen Sachbearbeiter der Rentenversicherung oder vor Ort bei der Kommunalverwaltung. Beim Beratungsgespräch, für das genügend Zeit vorgesehen und das auch entsprechend vorbereitet werden sollte, stehen zunächst folgende Fragen im Mittelpunkt:

▶ Sind all meine Versicherungsunterlagen komplett?
▶ Stimmen die Unterlagen bei der Versicherung, die registrierten Zeiten und Beiträge, mit meinen Papieren überein?
▶ Wenn nein, wo liegen die Ursachen?

Seien Sie „kleinlich", Ihre Rentenversicherung ist es auch!

Hier ist höchste Aufmerksamkeit erforderlich. Offene Fragen sollten zweifelsfrei und verbindlich geklärt werden. Auch wenn der zu erwartende Papierkrieg zeitraubend ist.

WIE SEHEN MEINE FINANZIELLEN VERHÄLTNISSE AUS?

Die wenigsten Menschen werden ihr Arbeitsleben mit derselben Tätigkeit beenden, mit der sie es begonnen haben. Damit ist nicht nur ein Branchenwechsel gemeint, sondern auch der berufliche Status: ob wir freiberuflich, angestellt, angestellt im Öffentlichen Dienst oder beamtet gearbeitet haben, ob wir eine Lehre oder ein Hochschulstudium absolvieren mußten. Im Extremfall entstehen daraus sehr unübersichtliche Zuständigkeiten von Rentenversicherungs- und Pensionsträgern, die wiederum zu zahlreichen Varianten der Rentenberechnung führen können. Leider gibt es dabei keine allgemeinverbindliche Lösung; deshalb hier nur einige allgemeine Ratschläge:

- ▶ Die persönlich günstigste Variante muß individuell ausgetüftelt werden und kann sich finanziell nicht unerheblich auswirken. Auch hier zahlen sich die investierte Zeit und Mühe buchstäblich in barer Münze aus.
- ▶ Scheuen Sie sich nicht, im Zweifelsfall die Hilfe eines spezialisierten Anwalts oder Steuerberaters in Anspruch zu nehmen. Diese Kosten rechnen sich.

Betriebsrente: leider nicht für jeden

Für die Bürger der Schweiz sind Begriffe wie Betriebsrente oder Zusatzversorgung sehr vertraut, weil sie zum Drei-Säulen-Modell der Altersversorgung hinzugehören und gesetzlich reglementiert sind. In Deutschland ist das Bild viel uneinheitlicher, weil der Zusatzvorsorge über Lebensversicherung, Betriebsrenten usw. zwar große Bedeutung zukommt, diese aber nicht in der strengen Form wie in der Schweiz gesetzlich festgelegt ist. Das österreichische Rentensystem entspricht im Kern dem bundesdeutschen, kommt aber da und dort zu anderen Detaillösungen.

Überwiegend sind es große oder größere Unternehmen, die ihren Arbeitnehmern betriebliche Zusatzversicherungen gewähren, um später die sogenannten Betriebsrenten zahlen zu können. Der öffentliche Dienst und die Kirchen bieten ihren

Betriebsrente: meist nur in größeren Unternehmen

Bediensteten regelmäßig die sogenannte Zusatzversorgung. Aber je nach politischer Großwetterlage und wirtschaftlicher Ertragssituation kommen solche Leistungen mit schöner Regelmäßigkeit in die Diskussion. Also auch hier ist Wachsamkeit geboten. Mit entsprechender Hartnäckigkeit sollte man deshalb bei den zuständigen Stellen auf aussagekräftige und verbindliche Auskünfte drängen. Am Ende unserer Bemühungen sollte zweifelsfrei klar sein, wieviel Geld unter welchen Bedingungen zu erwarten ist.

Größere Unternehmen, wie etwa die BASF oder auch die Post in Deutschland, unterhalten ausgedehnte Abteilungen, die sich unter anderem der Fragen von angehenden Ruheständlern annehmen. Meistens hat man es dort mit sehr zuvorkommenden und kenntnisreichen Zeitgenossen zu tun, die über die reine Rentenberechnung hinaus auch Tips geben können, die auf die individuelle Situation bezogen sind. Wer diese Möglichkeiten in seinem Betrieb hat, sollte sie unbedingt nutzen, denn die Mitarbeiter, die zumeist beim Personalbüro angesiedelt oder - ab einer bestimmten Unternehmensgröße - sogar in eigenen Abteilungen untergebracht sind, verfügen über sehr weitgehende Kenntnisse, die über bloße Finanzfragen hinausgehen.

Ich hab' ja noch meine Lebensversicherung!

Ein trügerisches Sicherheitsgefühl

Es kann nicht oft genug gesagt werden: Der Begriff „Lebensversicherung" vermittelt ein Sicherheitsgefühl, das oft trügerisch ist. Eigentlich ist die Lebensversicherung nämlich ausschließlich zur Absicherung unserer Hinterbliebenen gedacht, wenn uns etwas zustoßen sollte. Es handelt sich also quasi um eine besondere Form des guten alten Sparbuchs. Die findige Versicherungswirtschaft hat es aber geschafft, uns die Lebensversicherung - genauer: die Kapital-Lebensversicherung - als Mittel zur Altersvorsorge schmackhaft zu machen. Immer neue „Produkte", so heißt das im Versicherungsjargon, tauchen auf dem Markt auf, mit immer neuen Varianten und Kombinationen:

WIE SEHEN MEINE FINANZIELLEN VERHÄLTNISSE AUS? 31

- Lebensversicherungen, die wie eine Rente in Raten ausgezahlt werden;
- Lebensversicherungen, die in einem Betrag bei Fälligkeit aufs Konto wandern;
- Lebensversicherungen, bei denen Wahlmöglichkeit zwischen beidem besteht, deren Restbeträge vererbbar sind oder mit unserem Ableben verfallen.

Die Liste ist unvollständig und deshalb beinahe beliebig verlängerbar.

Hoffentlich haben wir also ein Modell gewählt, das uns möglichst bis zum vereinbarten Termin Wahlmöglichkeiten gewährt. Auf alle Fälle sollten wir uns darüber informieren, ob unser Vertrag die Wahl zwischen der Auszahlung in einem Betrag oder als Rente gestattet. Wichtigstes Entscheidungskriterium sind dabei unsere Pläne für den Lebensabend. Vielleicht brauchen wir eine größere Summe, um die laufenden Kreditverpflichtungen für das Haus abzulösen oder weil wir im sonnigeren Süden ein Ferienhaus kaufen möchten. Oder es ist eine kostspielige Weltreise geplant. Manchem macht es auch Spaß, ein wenig Finanzjongleur zu spielen und die günstigste Anlageform für sein Geld selbst zu wählen. Vielleicht ist es uns aber auch wichtiger, unsere monatliche Rente aufzustocken (oder dies ist notwendig).

> **TIP**
>
> *Wer unschlüssig ist, welches Modell er wählen soll, kann bei den Spezialisten der Verbraucherberatungsstellen um individuelle Beratung bitten. Pauschale Ratschläge nützen hier nichts.*

Eventuell läßt sich sogar ein günstiges Arrangement mit der Versicherung treffen:
- Wenn die Lebensversicherung den Fall der Berufsunfähigkeit einschließt, man diesen Teil aber vorzeitig kündigt, dann kann sich damit eventuell sogar die zu einem späteren Zeitpunkt fällige Lebensversicherung erhöhen.
- Ist der Ruhestandstermin vor Ablauf der Versicherung vorgesehen, kann es sich lohnen, bei der Versicherung nachzufragen, ob eine frühere Auszahlung möglich ist.

Sicherer geht's nimmer ...

Zum Standardrepertoire US-amerikanischer Komiker gehören meist recht unfreundliche Witze über Versicherungsvertreter. Nun sollten nicht falsche Rückschlüsse auf die Gegebenheiten in Mitteleuropa gezogen werden, gleichwohl lohnt es sich, das eigene Paket an Policen und Verträgen zu überprüfen.

Was brauche ich – und was nicht?

- Was wird an Versicherungen noch gebraucht, was ist überflüssig geworden? (Ist es zum Beispiel noch nötig, eine Unfallversicherung zu unterhalten, oder reicht die Absicherung durch die Rente aus, um auch einen längeren Krankenhausaufenthalt finanziell zu überstehen?)
- Besondere Aufmerksamkeit sollten vor allem privat Krankenversicherte dem Leistungskatalog ihrer Krankenversicherung widmen. Vielleicht besteht die Chance, die meist sehr hohen Beiträge durch Einschränkungen im Leistungsumfang zu mildern. (Auch hier ist es ratsam, eine Verbraucherberatungsstelle oder die Dienste der verschiedenen Seniorenorganisationen – zum Beispiel *Pro Senectute* in der Schweiz und in Österreich – in Anspruch zu nehmen).

Wo läßt sich sparen?

Der Humorist *Mark Twain* war der Ansicht, daß Geld den Charakter verderbe. Unter diesem Gesichtspunkt sind die meisten von uns wohl gegen derlei Anfechtungen gefeit, weil – gleichgültig wie vorausplanend man war – die Einkünfte im Alter meist niedriger ausfallen werden als zur Zeit der Berufstätigkeit. Andererseits bietet der Ruhestand endlich Zeit und Gelegenheit, sich langgehegte Wünsche zu erfüllen. Das ist aber – naturgemäß – mit Ausgaben verbunden.

Hier hilft wieder ein wenig Realitätssinn weiter, damit das Budget nicht überstrapaziert wird. Die Frage lautet ganz nüchtern: „Wo läßt sich etwas einsparen?" Wenn auch jede Situation anders ist, so hat sich bei verschiedenen Untersuchungen und Erhebun-

WIE SEHEN MEINE FINANZIELLEN VERHÄLTNISSE AUS? 33

gen doch ein recht durchgängiges Muster ergeben. So fand das *Statistische Bundesamt* in Deutschland zum Beispiel heraus, daß Rentnerhaushalte mit zwei Personen die größten Beträge des Ausgabenbudgets für Wohnung sowie Nahrungs- und Genußmittel ausgeben. Zwar gibt es da und dort noch Unterschiede zwischen Ost und West, aber zu beachten ist trotzdem, daß bei einem durchschnittlichen Etat von etwas über 2.000 Mark im Monat 626 Mark (West) und 403 Mark (Ost) für die Finanzierung der Wohnung draufgehen. Auf rund 530 Mark belaufen sich die Ausgaben für Nahrungs- und Genußmittel. Beides sind Posten, die auch beim größten Sparwillen nur sehr schwer zu beeinflussen sind. Erhebliche Finanzmittel werden nach dieser Untersuchung auch durch die Posten Verkehr und Nachrichten (zwischen 250 und fast 300 Mark) sowie Möbel und Hausrat (um 250 Mark) gebunden.

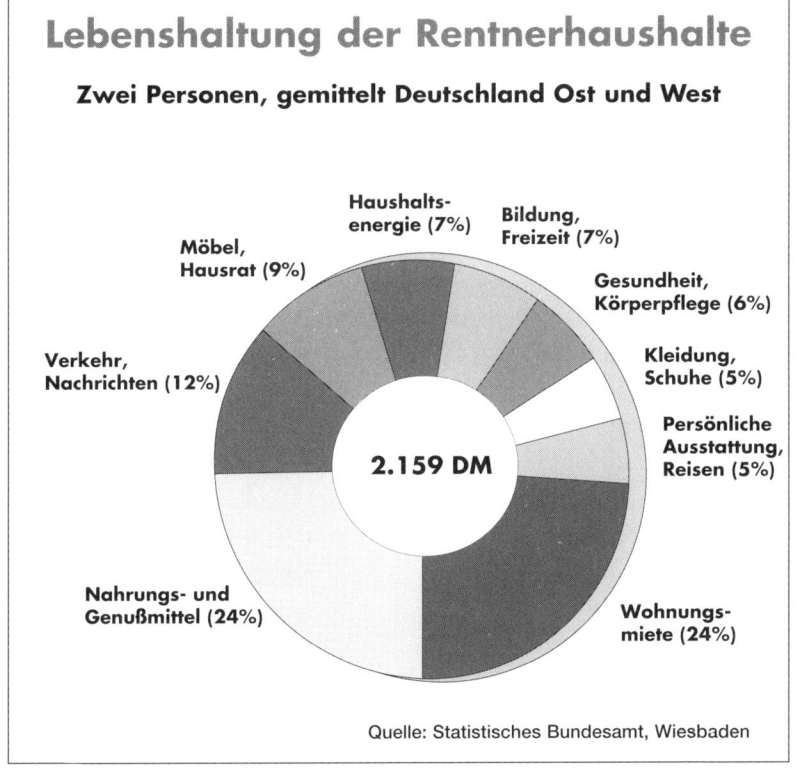

Die Hauptposten: Essen und Wohnen

Die persönliche Finanzsituation ermitteln

Mit diesen Ausgabenposten sind bereits drei Viertel des gesamten Budgets verplant. Und mit dem verbleibenden Geld müssen Dinge bestritten werden, die alles andere als überflüssig sind: Haushaltsenergie etwa, Bildung und Freizeit, Gesundheit und Körperpflege, Kleidung und Schuhe sowie die persönliche Ausstattung und Reisen. Es ist allein schon anhand dieses Modellfalls unschwer zu erkennen, daß meist sehr spitz gerechnet werden muß, sollen bei einer genauen Überprüfung der eigenen Möglichkeiten noch Sparpotentiale zutage treten. Selbst der Bezug einer kleineren Wohnung ist wohl nur in Ausnahmefällen mit günstigeren Preisen verbunden, zumal in den Ballungsgebieten. Von den möglichen Nachteilen ganz abgesehen, die durch den Verlust der gewohnten Umgebung, eine vielleicht schlechtere Verkehrsanbindung und so weiter entstehen können. Auch Ausgabenhöhen von um die 500 Mark für Nahrungs- und Genußmittel sind bestimmt kein Indiz dafür, daß in deutschen Rentnerhaushalten überwiegend Schlemmer leben, die sich aus dem Feinkostladen und in noblen Restaurants ernähren.

Erneut soll eine Check-up-Tabelle (rechts) ein zuträgliches Hilfsmittel sein, um zu einem Überblick zu gelangen. Ganz zu Anfang kommen alle, wirklich alle Ausgabenposten - vom Auto über Kleidung bis hin zur Wohnung - auf den Prüfstand. In einem zweiten Durchgang läßt sich dann immer noch entscheiden, was unverzichtbar ist, weil es objektiv „sein muß" oder weil es zum Wohlbefinden einfach dazugehört. Beim Ausfüllen der folgenden Tabelle erreichen Sie mehrere Ziele gleichzeitig: Bei entsprechender Sorgfalt ergibt sich daraus ein sehr realistischer und aussagefähiger Blick auf die persönliche Finanzsituation. Das erlaubt zum einen Überlegungen, wo tatsächlich gespart werden könnte. Die kritische Bewertung der einzelnen Ausgabenposten erlaubt es aber auch, Prioritäten neu zu setzen, die sich an den Wünschen und Bedürfnissen nach dem Ausscheiden aus dem Berufsleben orientieren. Vielleicht läßt sich bei Möbel und Hausrat zugunsten von Reisen oder Bildung und Freizeit etwas einsparen.

Ein weiterer Tip: Versuchen Sie, in „Etat-Töpfen" zu denken. So mancher Studentenhaushalt (zum Beispiel der des Autorenpaares) konnte sich seinerzeit nur dadurch über Wasser halten, daß der monatliche Etat auf mehrere leere Tabakdosen verteilt wurde: 300 Mark in die Dose mit der Aufschrift „Essen", 50 Mark

WIE SEHEN MEINE FINANZIELLEN VERHÄLTNISSE AUS? 35

Ausgaben-posten	Monatliche Ausgaben	Sparmöglichkeit (ja/nein), Betrag
Miete/Haus		
Telefon		
Auto		
Kleidung		
Körperpflege		
Nahrungsmittel		
Genußmittel		
Versicherungen		
Medikamente		
Reisen		
Hobby		
usw.		

Wo kann ich sparen?

Ein Trick, um das Geld bewußter auszugeben

in die „Benzin"-Dose, 20 Mark in die „Taschengeld"-Dose und so weiter. Das Spiel ist nur auf den ersten Blick lächerlich oder gar entwürdigend. Diese Technik hat nämlich den Vorzug, daß ganz konkret erfahrbar wird, wieviel Geld tatsächlich in der Kasse ist. Ein freier Durchblick bis zum Dosengrund kann sehr ernüchternd sein. Glücklicherweise sind die meisten Ruheständler-Haushalte finanziell in der Lage, auf derartige Übungen zu verzichten. Wo das Geld aber knapp ist, sollte sich niemand scheuen, zu dem obengenannten Trick zu greifen. Das verfügbare Geld wird dadurch zwar nicht mehr, es wird aber bewußter (und damit sinnvoller) ausgegeben.

Sozialhilfe: kein Almosen, sondern mein gutes Recht

Leider ist es eine Tatsache, daß seit einigen Jahren die Zahl der über 60jährigen Sozialhilfeempfänger in der Bundesrepublik Deutschland zunimmt. Betroffen sind überwiegend Frauen: 1989 war nach Angaben des *Statistischen Bundesamtes* jede neunte Frau über 75 Jahren Sozialhilfeempfängerin. Dagegen war nur jeder 20. Mann auf diese Unterstützung angewiesen. Ernstzunehmende Stimmen haben in diesem Zusammenhang darauf hingewiesen, daß die Zahl noch weit höher wäre, würden sich mehr Senioren überwinden, zum Sozialamt zu gehen, um Hilfe zum Lebensunterhalt und Wohngeld zu beantragen. Mögen auch durch die neu eingeführte Pflegeversicherung Verschiebungen eingetreten sein, so ist es doch eine Tatsache, daß sich gerade ältere Menschen aus falsch verstandenem Schamgefühl scheuen, eine ihnen gesetzlich zustehende Unterstützung zu beantragen.

Die Gründe sind vielfältig: Schamgefühle, Angst vor Behörden, der bisweilen harsche Umgangston dort, die oftmals erniedrigenden Umstände auf den Fluren und in den Wartezonen der Sozialämter. Das alles ist menschlich verständlich. Wer aber faktisch in Armut lebt, sollte

TIP

Fällt Ihnen der Gang zum Sozialamt allein schwer, dann bitten Sie Freunde, Verwandte, Mitarbeiter von Beratungsstellen oder Kirchengemeinden um Hilfe.

unter allen Umständen die inneren Bedenken beiseite schieben. Sozialhilfe und Wohngeld sind beileibe keine Almosen, sondern Geld, das den Betroffenen zusteht. Hinzu kommt, daß zumindest in der Bundesrepublik der Sachbearbeiter sogar dazu verpflichtet ist, ausführlich und ohne etwas wegzulassen darauf hinzuweisen, welche Hilfsmöglichkeiten bestehen. Die geübte Praxis mag da und dort zwar anders aussehen, weil die Kassen der Kommunen (die in Deutschland für die Sozialhilfe aufkommen müssen) leer sind, ein Grund, auf Geld zu verzichten, das einem rechtlich zusteht, ist das aber nicht. Haben Sie also den Mut, Ihr Recht einzufordern!

Fordern Sie Ihr Recht ein! Auch wenn's schwerfällt

Den Übergang sanft gestalten

Da ist sich sogar die Wissenschaft ausnahmsweise einmal fast einig: Je allmählicher der Übergang vom Berufsleben in den Ruhestand gestaltet werden kann, desto größer ist die Zufriedenheit mit dem Rentnerdasein und desto kleiner der Schock beim Übertritt in diese neue Lebensphase.

Leider hängt die Möglichkeit zum „Ruhestand peu à peu" von den jeweiligen gesetzlichen Voraussetzungen, den eigenen finanziellen Bedingungen, der Flexibilität des Arbeitgebers, der schon erwähnten Arbeitsmarktlage sowie dem Stand der wirtschaftspolitischen Diskussion ab. Schon beim Begriff „flexible Altersgrenze" bestehen große nationale Unterschiede allein bei der Interpretation dessen, was unter „flexibel" zu verstehen ist. Das kann, wie in der Schweiz, mit dem vorgezogenen Ruhestand (also vor der Regelaltersgrenze) sein Bewenden haben oder Systeme von Altersteilzeit und Teilrente meinen, wie sie in Deutschland und in Österreich existieren, aber auch dort - in ihrer konkreten Ausgestaltung - politisch nicht unumstritten sind. Wie fast immer läßt es sich also auch hier nicht vermeiden, individuelle Informationen bei den zuständigen Stellen einzuholen.

Teilzeit: Ruhestand auf Raten

Gleitender Übergang in den Ruhestand

Eine gute Vorstellung davon, was gleitender Übergang in den Ruhestand bedeuten kann, haben all jene, die bereits Teilzeit arbeiten. Die Rede ist nicht nur von jenen, die Teilzeit arbeiten müssen aus persönlichen, familiären oder arbeitsmarktbedingten Gründen, sondern auch von denen, die diese Form weitgehend freiwillig gewählt haben. Und ob freiwillig oder unfreiwillig: Auf alle Fälle steht dann von dem, was so gerne „Freizeit" genannt wird, mehr zur Verfügung, als dies bei einem Vollzeitjob üblich und möglich ist.

Aber sehen wir uns genau an, was sich hinter dem Begriff „Freizeit" verbirgt. Häufig wird diese sogenannte Freizeit mit allerlei Tätigkeiten verbunden sein, die nicht so recht in das Bild von frei verfügbarer, autonom zu gestaltender Zeit hineinpassen wollen. Das können regelrechte Pflichten sein, sei es, daß der Haushalt versorgt werden muß, Kinder, Enkel oder Pflegebedürftige zu betreuen sind. Das Engagement im Verein oder in Gemeinschaftsprojekten wie Stadtteilarbeit kann viel Zeit beanspruchen. Zeit, die überwiegend als „gut investiert" empfunden wird, zumindest aber als „notwendig". Vielleicht haben Sie einen interessanten, aber aufwendigen Nebenjob? Wie auch immer, ob diese Tätigkeiten nun Lust oder Last bedeuten, sie lassen den (Haupt-)Beruf zu einer wenn auch sehr wichtigen Beschäftigung neben anderen werden.

Diese Erfahrung fehlt jenen, die mitten im Berufsleben stehen, acht oder deutlich mehr Stunden je Arbeitstag im Job verbringen. Andere Aktivitäten, außerhalb des Berufs, sind zeitlich nur sehr begrenzt möglich. Beginnt der Ruhestand dann buchstäblich von einem Tag auf den anderen, so konfrontiert einen die neue Situation vor allem mit einem „Übermaß" an freier Zeit, von der man noch nicht weiß, wie man mit ihr umgehen kann.

Wo immer es also finanziell oder aus der beruflichen Situation heraus möglich ist, stellt Teilzeitarbeit eine der günstigsten Möglichkeiten dar, sanft in den Ruhestand hinüberzugleiten. Und es lohnt sich, die Fantasie ein wenig spielen zu lassen, was Teilzeit bedeuten könnte. Es muß damit ja nicht die bekannte Halbtagstätigkeit gemeint sein. Prinzipiell sind ganz unterschiedliche Modelle denkbar, die unterm Strich noch nicht einmal mit großen finanziellen Einbußen verbunden sein müssen, weil für einen niedrigeren Bruttolohn zum Beispiel auch geringere Steuern und Sozialabgaben zu zahlen sind.

BEISPIEL **TEILZEITMODELL**

Man vereinbart mit dem Arbeitgeber, die Jahresarbeitszeit um ein Zehntel der Stunden zu kürzen (der Lohn wird natürlich auch um ein Zehntel gekürzt), und erhält dafür zusätzliche Urlaubstage, bei einer 38,5-Stunden-Woche zum Beispiel 24 Tage pro Jahr. Ausgehend von einem Jahresurlaub von üblicherweise 30 Tagen (der natürlich auch um ein Zehntel, also um drei Tage gekürzt wird), ergibt sich per Saldo ein Jahresurlaub von 51 Tagen. Beim vorliegenden Beispiel hat der konkrete Arbeitgeber vereinbart, daß je zwölf der zusätzlichen Urlaubstage pro Halbjahr genommen werden müssen. Nicht schlecht für den Anfang, oder?

> **TIP**
>
> *Teilzeit oder Teilrente erleichtert den Übergang. Eruieren Sie rechtzeitig Ihre Möglichkeiten! Und die Auswirkungen!*

Natürlich ist darüber hinaus noch eine Vielzahl unterschiedlichster Vereinbarungen denkbar, und sei es die bei VW aus betriebswirtschaftlichen Gründen erdachte Vier-Tage-Woche.

In der Bundesrepublik Deutschland gibt es seit der Rentenreform von 1992 des weiteren die Möglichkeit, eine sogenannte Teilrente zu beziehen. Berechtigt ist man, wenn die individuellen Voraussetzungen für die Altersrente erfüllt sind (zum Beispiel: Frauen und Schwerbehinderte ab 60 Jahren, langjährig Versicherte ab 63 Jahren). Die Teilrente kann in Bruchteilen von einem Drittel, der Hälfte oder zwei Dritteln der Altersrente bezogen werden, während gleichzeitig weitergearbeitet wird. Natürlich gelten auch hier Hinzuverdienstgrenzen, die allerdings höher ausfallen, als die 1996 für die alten Bundesländer geltenden 590 Mark bei Bezug einer Vollrente vor dem 65. Lebensjahr. Bei sehr geringem Einkommen kann die Teilrente sogar eine finanzielle Aufbesserung bei Vollarbeitszeit bedeuten, bei höherem Gehalt ermöglicht sie durch Kürzung der Arbeitszeit um ein Drittel, die Hälfte oder zwei Drittel einen gleitenden Übergang vom Berufsleben in den Ruhestand – sofern der Arbeitgeber mitspielt, natürlich.

Unter dem Gesichtspunkt, daß der Übergang vom Berufsleben in den Ruhestand möglichst flexibel und gleitend geschehen können sollte, ist die Möglichkeit der Teilrente natürlich nicht komplett befriedigend, da sie ja nur für jene in Frage kommt, die sowieso Anspruch auf Rente haben. Allerdings denkt man neuerdings im Arbeits- und Sozialministerium darüber nach, Teilrente und damit Altersteilzeit schon für Jüngere zu ermöglichen. Wer mehr Flexibilität will, muß Überlegungen wie die weiter oben genannten anstellen; dann sollte man aber genau ausrechnen (oder sich ausrechnen lassen), wie die finanziellen Auswirkungen zu Buche schlagen.

Sichvorbereiten ist die halbe Miete

Wer die Chancen von Teilzeit nutzen kann, hat sicherlich die beste Art des gleitenden Übergangs gefunden. Die offensichtlichste Methode ist sie allemal. Auf den ersten Blick. Genau besehen, sind Sie nämlich gerade jetzt mit der zweiten und ebenso nachhaltigen Methode beschäftigt: der psychischen und praktischen Vorbereitung auf den Ruhestand. So gut wie alle ernst zu nehmenden Fachautorinnen und -autoren betonen, daß die Vorbereitung auf den Ruhestand zu den wesentlichsten Voraussetzungen für Zufriedenheit in dieser Lebensphase zählt. Im Schweizer Altersbericht ist das so formuliert: „Diese neue Lebensqualität (...) hängt in einem nicht unbeachtlichen Ausmaß auch davon ab, wie man sich vorbereitet, welche Einstellungen man dazu gewonnen und welche Maßnahmen man vorsorglicherweise getroffen hat, um auftauchende Klippen zu umschiffen."

Sichvorbereiten ist die beste Voraussetzung für Zufriedenheit

Dieselben Autoren haben für die Schweiz postuliert: „Heute hat jeder und jede von uns die Möglichkeit, an Kursen teilzunehmen, die auf die Pensionierung vorbereiten, sei es im Betrieb, auf Vereins-, Gemeinde-, oder Kantonsebene."

Dem Kern nach trifft das auch für Deutschland und Österreich zu, wenn auch die Institutionen und Ansprechpartner da und dort andere sind.

Zumindest die Großunternehmen bieten ihren künftigen Pensionären inzwischen häufig als besondere Dienstleistung Vorbereitungskurse an.

BEISPIEL „DAS DRITTE PROGRAMM" DER BASF

Eines der langlebigsten Projekte dieser Art kann sich die BASF Aktiengesellschaft in Deutschland auf ihre Fahnen schreiben: „Das dritte Programm." Die Konzeption mit dem vielsagenden Namen wurde in Zusammenarbeit mit der führenden Altersforscherin, der Diplom-Psychologin Professor Ursula Lehr, erarbeitet und startete 1973. Derzeit wird das Programm konzeptionell überarbeitet. Unter ihrem Leiter Berthold Messemer hatte sich die Sozialberatung des Unternehmens die Aufgabe gestellt, „älteren Mitarbeitern zwischen 53 und 59 Jahren und deren Ehepartnern mit dem ‚dritten Programm' Anregungen für den Übergang vom Berufsleben in den Ruhestand zu geben, um diesen möglichst elastisch und individuell gestalten zu können" (Messemer). Das Programm umfaßt(e) Gesprächsreihen, Seminare, praktische Übungen etc. und kam bei der Belegschaft sehr gut an: Zwischen 1973 und 1988 beispielsweise besuchten fast 2.000 „Ältere" die Vortragsreihen.

Wie sieht's in meinem Privatleben aus?

Mit dem Partner planen

Seien Sie versichert: Mit dem Eintritt in den Ruhestand werden Sie ein paar neue und überraschende Bekanntschaften machen. Mit Ihrer Familie nämlich, Ihrem Partner, Ihren Kindern. Wenn die Situation voraussichtlich auch nicht so grotesk geraten wird wie in *Loriots* Spielfilm „Papa ante portas", sollten sich alle Beteiligten doch auf sehr tiefgreifende Veränderungen einstellen. Und das tunlichst nicht erst dann, wenn „Papa" als Rentner „vor der Tür" steht.

Routinen und andere Gewohnheiten

Eine Standardsituation könnte so aussehen (wiewohl die klassische Rollenverteilung „Mann als Ernährer, Frau als Hausfrau" in Auflösung begriffen ist):

BEISPIEL KLASSISCHE ROLLENVERTEILUNG

Mit seinem Ruhestand wird ein über Jahrzehnte eingespielter Tagesablauf über den Haufen geworfen. Er verläßt morgens nicht mehr das Haus, um zur Arbeit zu gehen, sondern greift nachhaltig in ihr Tagwerk ein, das sich ja prinzipiell nicht grundlegend verändert hat. Ihr Job ist vermutlich weiterhin „der Haushalt", den sie mit einer ebenfalls über Jahrzehnte eingeübten Routine versieht. Routine war früher für beide notwendig, um alle Aufgaben meistern zu können. Routine hat das persönliche Zusammenleben geprägt; sie wurde aufrechterhalten, weil sie sich als sinnvoll und tragfähig erwiesen hatte.

Routine und Routinen werden auch weiterhin benötigt; es werden im Ruhestand aber andere sein müssen, ganz gleich, ob das oben beschriebene Modell zutrifft oder die bisherige Lebensorganisation davon abgewichen ist.

Auch die Routinen müssen sich ändern

Berthold Messemer, der Leiter der Sozialabteilung bei BASF, hat uns eine kleine Geschichte erzählt. *Messemer* spricht aus Erfahrung, schließlich war er „Manager" des weiter oben vorgestellten Seminarprogramms für künftige Ruheständler: „Unsere Aniliner (so nennen sich die BASF-Mitarbeiter selbst) sind es gewohnt, morgens um Viertel nach sechs aus dem Haus zu gehen, um gegen halb sieben im Betrieb zu sein. Daran waren natürlich auch die Partnerinnen gewöhnt. Dann geht so jemand in Rente, steht morgens um die gewohnte Zeit auf und liest erst mal bis um halb zwölf die ‚Rheinpfalz' (das örtliche Lokalblatt). Seiner Frau sitzt er im Weg rum, und spätestens wenn sie den Staubsauger einschaltet, rastet er aus. Das sind so typische Sachen, die wir mit den Seminaren oder in Einzelberatungen auszuräumen versucht haben."

Anekdoten haben natürlich so ihre Tücken. Mal nimmt man sie allzugern als bare Münze, ein andermal werden sie unter der Rubrik „Ganz gut erzählt, aber ..." abgehakt. Aber Vorsicht! So gut wir uns bisher auch von überkommenen Rollenmustern befreit haben mögen – es soll Männer geben, die Knöpfe annähen, und Frauen, die Lampen anschließen können –, für den Ruhestand besitzen wir noch kein eintrainiertes Muster. Nur Anekdoten eben und ein paar Vorbilder. Da können Männer zu Paschas und Frauen zu Diven werden. Lassen Sie sich nicht überraschen!

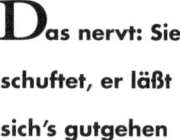

Das nervt: Sie schuftet, er läßt sich's gutgehen

Es geht auch anders
Denkbar ist aber auch folgende Konstellation:

BEISPIEL ERST ER, DANN SIE
Beide sind berufstätig, sogar bei derselben Firma; sie ist ein bißchen jünger, er ein bißchen älter; beide haben befriedigende Positionen inne. Mit 63 Jahren sagt er sich, es ist genug. Er geht in den Ruhestand. Sie könnte auch, denn „ihre Jahre" hat sie zusammen, sogar der Termin würde passen. Aber sie arbeitet weiter. Und zwar deshalb, weil sie die Routinen und Marotten kennt, die sich in den langen Jahren ihres Zusammenlebens entwickelt haben. Sie befürchtet, daß die Umstellung von einem umtriebigen Berufsleben zum Ruhestand alles andere als beschaulich ausfallen könnte. Ihr Konzept heißt: Soll erst er sich - quasi allein - auf die neue Situation einstellen, sich im Ruhestand einrichten, seine neuen Routinen aufbauen, dann will sie sich schon einpassen und ihren Platz finden, wenn die Zeit dazu reif scheint. Dann werden neue Routinen die alten und vertrauten ersetzen oder schon ersetzt haben.

Das tückische ist, daß solche eingeübten Abläufe oft gar nicht als solche erkannt werden. Erneut heißt der Schlüsselbegriff „frühzeitig" (er gehört zu den zentralen Begriffen dieses Ratgebers, genauso wie „Realismus" und „Aufrichtigkeit"). Nicht jedes Unternehmen veranstaltet Vorbereitungsseminare, nicht jede Volkshochschule bietet Kurse für Noch-nicht-Rentner. Meistens ist man auf sich alleine gestellt, ohne fachliche Hilfe. Frühzeitig also sollte die Situation analysiert werden:

▶ Wo haben sich welche Tagesrhythmen entwickelt, die mittel- oder unmittelbar von der Berufstätigkeit geprägt oder ausgelöst wurden?

▶ Was davon wird wegfallen, weil die Berufstätigkeit zu Ende ist, weil der einst so sinnvolle „tägliche Trott" sinnlos, ja hinderlich geworden ist?

Das Nachdenken über diese und andere Fragen ist keine Aufgabe fürs stille Kämmerlein. Weil der Ruhestand des einzelnen die ganze Familie betrifft, sollten auch alle Betroffenen in die Überlegungen miteinbezogen werden. Besonders wichtig ist es, sich über das der-

Gemeinsam den Tagesablauf auf Routinen checken

zeitige und künftige Zusammenleben klarzuwerden und sich mit dem Partner über den kommenden Lebensabschnitt, die Chancen und Risiken, auseinanderzusetzen. Vielleicht wurde in den ganzen zurückliegenden Jahren versäumt, sich füreinander Zeit zu nehmen, miteinander zu sprechen. Spätestens jetzt ist die Gelegenheit, ja die Notwendigkeit dazu gekommen, mehr aufeinander einzugehen. Ein Kurzurlaub, ein verlängertes Wochenende - und das viel öfter, als man es sich bisher zugestanden hat - können jene Atmosphäre entstehen lassen, in der sich Rückschau halten läßt und in der Pläne geschmiedet werden.

Und die Singles?

Ja, was ist denn mit den Singles? Keine Frage: eine Gruppe von Menschen, die eigentlich gar keine Gruppe sind. Das müssen wir erklären.

Der Begriff „Single" ist Neudeutsch und in Mode und kommt deshalb aus dem Englischen. Übersetzt ist damit der oder die einzelne gemeint. Und da beginnen die Probleme. Denn Singles können - genaugenommen - sein: ganz junge Menschen, die noch keinen Partner haben; Menschen jeden Alters, die allein leben, aber trotzdem einen intimen Partner haben, der lediglich in einer anderen Wohnung wohnt; Alleinlebende ohne Partner, die aber gerne einen hätten; Alleinlebende ohne Partner und ohne Partnerwunsch. Und das Ganze dann noch mit oder ohne Kinder. Hinzu kommen die Verwitweten, Geschiedenen, Getrenntlebenden und so fort. Ein ziemlich uneinheitliches Klübchen also, das aber, der besseren Vermarktung in den interessierten Medien wegen, mit einem einheitlichen Stempel versehen worden ist.

Jeder „Single" ist also ein Einzelstück, und die Bedürfnisse sind so verschieden wie Menschen nun einmal sind. Die meisten Singles werden sich gleichwohl auch bei jenen Kapiteln „bedienen" können, die auf traditionellere Lebensumstände bezogen sind. Alle anderen, die wirklich „los und ledigen", ohne Partner und Kinder, sollten ihre Unabhängigkeit nutzen und einfach drauflosplanen.

Was bedeutet überhaupt „Single"?

Opa als Babysitter? Die Ansprüche der Kinder

Die Kinder, die längst nicht mehr im Haus leben und eine eigene Familie gegründet haben, besitzen möglicherweise bereits konkrete Vorstellungen darüber, was von Opa und/oder Oma in Rente künftig erwartet werden kann. Leider ist die Wahrscheinlichkeit groß, daß diese Vorstellungen sehr weitgehend von den eigenen abweichen, etwa was die Betreuung von Enkelkindern, die Mithilfe beim Bau des neuen Hauses oder die Verfügbarkeit im allgemeinen betrifft. Ein frühzeitiges, aufrichtiges und deutlich vernehmbares „Nein!" mag zwar etwas Überwindung kosten und Illusionen zerstören, verringert aber die Gefahr, mißverstanden und den eigenen Interessen zuwiderlaufend verplant zu werden um ein Beträchtliches.

Vielleicht wollen Sie aber gar nicht nein sagen, da all das, was erwartet wird, Ihren eigenen Wünschen entspricht. Trotzdem ist es gerade dann hilfreich, sich darüber klarzuwerden, welchen Umfang diese selbstgewählten Verpflichtungen annehmen können. Denn in den nächsten Kapiteln wird es darum gehen, welche verlockenden Möglichkeiten der Ruhestand noch bieten könnte. Und für die sollte dann ja auch noch Zeit vorhanden sein.

Freunde und Bekannte

Jeder hat sie: die guten Bekannten, die besten Freunde, die flüchtig Bekannten, die entfernt Verwandten, die Vereinskollegen, die Arbeitskollegen, die auch „Mitarbeiter" heißen können, wenn man ihnen was zu sagen hat, oder einfach „Chef", wenn sie einem was zu sagen haben. Schlicht „Meyer" heißt der Kollege am Schreibtisch gegenüber dann, wenn er schlechte Angewohnheiten wie Nasehochziehen hat und sich auf anderer Leute Kosten einen lauen Lenz macht. Kurt oder Maria heißen sie, wenn sie beim Kauf des nächsten Autos mitreden dürfen und zum Grillfest im Garten einen pappigen Nudelsalat mitbringen. Außerdem wissen sie, daß

Sohn Uwe eine neue Freundin hat und Tochter Susanne gerade Diplom macht. Dann gibt es noch die sogenannten Geschäftspartner, die manchmal „Geschäftsfreunde" heißen, weil der Ton freundlicher ist, wenn man gerade versucht, sich gegenseitig über den Tisch zu ziehen, und dieser Tisch in einem besseren Restaurant steht. Und, ob wir sie mögen oder nicht, wir verbringen mehr Zeit mit ihnen als mit dem Partner und den Kindern. Das sollten wir nicht vergessen, wenn's ans Checken des Umfelds geht.

Berufliche Kontakte: tragfähig oder nicht?

Im Berufsleben vollzieht sich oft etwas Eigentümliches: Obwohl man sich die Kollegen nicht selbst ausgesucht hat, entsteht durch den jahrelangen intensiven Kontakt oft ein echtes Vertrauensverhältnis. Viele, sogar „richtige" Probleme werden mit den „guten" Kollegen beinahe intensiver besprochen als mit dem eigenen Partner. Mit nicht wenigen verbringt man mehr Zeit, als man eigentlich müßte: bei einem Feierabendbier oder einem Kaffee nach Dienstschluß. Zugegeben: Die meiste Zeit redet man wohl über den Betrieb, die Kollegen, den Chef - aber eben nicht nur. Solche Gespräche vermitteln das beruhigende Gefühl von Vertrautheit und Geborgenheit. Beides ist für unsere seelische Großwetterlage genauso wichtig wie für unsere berufliche und private Zufriedenheit. Fehlt dieses Gefühl, können wir im Extremfall sogar krank werden.

Weil dieser Umstand - die täglichen Kontakte zu Arbeitskollegen - so unspektakulär, so selbstverständlich erscheint, droht er leicht unterzugehen, wenn es darum geht, die Situation im Ruhestand abzuschätzen:
- ▶ Welche Konsequenzen wird es haben, wenn ich die Kollegen nicht mehr täglich treffe?
- ▶ Kann ich überhaupt noch Kontakt halten? Wird es nicht lächerlich wirken, wenn ich aus lauter Anhänglichkeit immer mal wieder im Betrieb auftauche?
- ▶ Wie wichtig bin ich ihnen eigentlich?
- ▶ Mit wem möchte ich mich überhaupt noch treffen, wenn ich in Ruhestand gehe?

Wie auch immer Sie diesen Fragenkatalog ergänzen oder korrigieren: Die grundlegende Frage wird die Qualität der Beziehun-

Mit Arbeitskollegen verbringt man oft mehr Zeit als mit dem Partner

gen betreffen: ob der intensive tägliche Kontakt tatsächlich zu etwas geführt hat, das die Bezeichnung „freundschaftlich" verdient, oder ob selbst die gemeinsamen Familienausflüge im Grunde nur ein „Abfallprodukt" der beruflichen Zusammenarbeit sind, das es nur so lange geben wird, bis man ausgeschieden ist. War es die Arbeit, die verbunden hat, oder ist eine wirkliche Freundschaft daraus entstanden?

Richtig heikel kann es sogar werden, wenn der bisherige Beruf regelrecht vom Kontakt mit vielen unterschiedlichen Menschen „gelebt" hat: die Schüler oder Patienten, die wir jeden Tag gesehen haben, die Klienten, Kunden und Ratsuchenden. Ständig wechselnde Gesichter, jeden Tag neue Menschen von Berufs wegen kennenlernen – daran waren wir gewöhnt. Genauso wie an das Gefühl – gerade wegen der vielen Menschen –, sich auszukennen und über alles mitreden zu können. Und weiter: Ist es einem nicht schon zur zweiten Natur geworden, bei der Einweihungsfeier für das neue Betriebsgebäude der Firma XY zu erscheinen, ein bißchen Small talk zu machen oder sogar in einer kleinen Ansprache die jahrelangen und guten Geschäftsbeziehungen des eigenen Hauses mit jener Firma zu loben? Hat nicht der Geburtstag des Gemeindebürgermeisters zu jenen Anlässen gehört, wo „man" hin muß? Schien es nicht immer mal wieder angeraten, den Prokuristen, den Leiter des Tiefbauamtes oder die Leiterin der Designabteilung zu einem „Arbeitsessen" einzuladen? Diese Kontaktpflege war wichtig für die Firma. Gut. Aber haben sie nicht auch uns gutgetan, so sehr wir vielleicht auch darüber geklagt haben, daß wieder ein Abend draufgegangen ist?

Ehrlicherweise werden wir zugeben müssen, daß es unser Ego ganz angenehm gestreichelt hat, wenn wieder mal eine Einladung zu einer Vernissage oder einer Feierstunde auf dem Schreibtisch landete. Und noch mehr hat es uns gefreut, wenn wir sogar privat angeschrieben wurden. Mit dem Ende des Berufslebens taucht nun aber unweigerlich die Frage auf: „War ich mit den freundlichen Einladungen selbst gemeint, oder war ich nur der Repräsentant einer Firma, die man nicht übergehen kann?" Es mag sehr ernüchternd sein festzustellen, daß das bisherige Interesse an der eigenen Person, ja der beinahe freundschaftliche Umgang – mit privaten Einladungen und kleinen Nettigkeiten – nur deshalb bestand bzw. gepflegt wurde, weil sich irgend jemand

Bin ich gemeint oder nur die Firma?

davon einen geschäftlichen Vorteil versprach. Viele dieser Verbindungen können schlagartig zerreißen, wenn das berufliche Beziehungsgeflecht mit dem Eintritt in den Ruhestand löcherig wird. Es kann sehr verletzend sein, wenn man beim Samstagsbummel durch die Fußgängerzone nun nicht mehr von allerhand Leuten gegrüßt oder gar in eine nette kleine Plauderei hineingezogen wird und die Einladungen zu diesem oder jenem Anlaß, den man vielleicht genossen hätte, nun ausbleiben - gerade jetzt, wo mehr Zeit dafür vorhanden wäre.

Es ist nicht einfach, sich auf diese Veränderungen einzustellen, und es ist wichtig, sich darüber klarzuwerden, wo die Trennlinie zwischen rein beruflichen, sprich „nützlichen", und wirklich freundschaftlichen Beziehungen verläuft. Nüchternes Überlegen kann unausweichliche Enttäuschungen mildern.

Leider läßt sich nicht mit physikalischer Exaktheit bestimmen, wo diese Grenze verläuft. Man kann aber ein paar nützliche Überlegungen anstellen und dann das Ergebnis bewerten:

Nützliche Überlegungen

- ▶ Besteht nicht eine gute Chance, daß die Kontakte über das Berufsleben hinaus erhalten bleiben, wenn die „Zusammenarbeit" auch an Feiertagen und im Urlaub geklappt hat?
- ▶ Was war dabei das Verbindende? Wieder „nur" die Arbeit? Oder eher die Freude, zusammenzusein?
- ▶ Wurde fast ausschließlich über den Betrieb gesprochen, oder hatte man sich auch viel Privates zu sagen?
- ▶ Hat die Beziehung nur Berufliches an Substanz aufzuweisen und wird sie somit zerbrechen, wenn ich ausscheide?

Am besten, wir verfahren wieder nach der einfachen, aber wirkungsvollen Regel, daß Aufschreiben, Fixierenmüssen die Gedankengänge klärt. Im folgenden haben Sie Gelegenheit, die Namen ihrer Kollegen zu notieren und alles aufzulisten, was Sie mit ihnen verbindet. Tragen Sie in die Liste ein, ob Ihre Gemeinsamkeiten nur beruflicher Natur sind oder auch privater.

WIE SIEHT'S IN MEINEM PRIVATLEBEN AUS? 51

Name	Berufliche Gemeinsamkeiten	Private Gemeinsamkeiten

Arbeitskollegen – was verbindet mich mit ihnen?

Alte Freundschaften reaktivieren

Vielleicht fällt die Analyse via Checkliste ziemlich ernüchternd aus. Anlaß zum Schwarzsehen besteht wahrscheinlich trotzdem nicht. Waren da nicht noch unsere „richtigen" Freunde, die wir in all den Jahren etwas vernachlässigt haben, weil wir uns ihrer so „sicher" fühlten oder der Beruf so sehr im Vordergrund stand? Ziehen wir also hier Bilanz:

- ▶ Wen zähle ich eigentlich zu meinen Freunden?
- ▶ Wen davon möchte ich öfter und regelmäßiger sehen?
- ▶ Wo liegen die Gemeinsamkeiten?
- ▶ Wann habe ich sie eigentlich zum letzten Mal gesehen?
- ▶ Ist das freundschaftliche Band vielleicht sogar so lose geworden, daß ich einige Energie investieren muß, um die Beziehung wieder in Gang zu bringen?

Check-up: Wie steht's um die Freunde?

So lassen sich Freundschaften wiederbeleben

Nüchtern Bilanz ziehen oder ein bißchen sentimental im Fotoalbum blättern - beides kann helfen, uns darüber klarzuwerden, wen wir gerne mal wieder treffen möchten. So manche Freundin, so mancher Freund wohnt vielleicht in einer anderen Stadt. Weil der Weg zu Inge und Arnold so weit war, haben wir sie womöglich seit Jahren nicht mehr gesehen. Aber waren das nicht herrliche gemeinsame Tage, damals im Urlaub?! Werden sie sich noch an das kleine französische Restaurant in der Bretagne erinnern, wo wir so herrlich tafelten und uns der freundliche Ober so charmant und unauffällig zeigte, wie man die Krebszangen knackt? Ein Telefonanruf, ein Brief - originell aufgemacht, vielleicht mit einem kleinen Erinnerungsstück garniert - können Wunder wirken. Aber seien Sie nicht enttäuscht, wenn das Gegenüber gar nicht so begeistert reagiert, vielleicht sogar recht kurz angebunden ist. Nicht gleich resignieren; möglicherweise war ja nur der Zeitpunkt schlecht gewählt. Versuchen Sie, ein Treffen zu vereinbaren oder einen Termin, an dem sich streßfrei telefonieren läßt. Aber stellen Sie sich auch darauf ein, daß die Erinnerung womöglich so manches Erlebnis vergoldet hat und die eine oder andere alte Freundschaft nicht mehr in Gang zu bringen ist.

WIE SIEHT'S IN MEINEM PRIVATLEBEN AUS?

Zu übertriebenem Pessimismus besteht aber kein Anlaß: Inge und Arnold sind wahrscheinlich sogar froh darüber, daß Sie endlich die Initiative ergriffen haben. „Was, du gehst in Rente? Na, prima! Da können wir uns ja endlich wieder öfter sehen." Versuchen Sie, Nägel mit Köpfen zu machen. Laden Sie die Freunde zu sich nach Hause ein, oder lassen Sie sich von ihnen einladen. Vielleicht ist auch ein Treffen auf „neutralem Gebiet" nicht schlecht. Ein Kurzurlaub in einer lauschigen Pension an der Ostsee vielleicht? Aber um Himmelswillen das Fotoalbum nicht vergessen!

Oder Sie gehen den „kurzen Weg". War nicht früher der Tresen der Stammkneipe quasi die Verlängerung Ihres Wohnzimmers? Klar, der Job hat Sie lange davon abgehalten, abends ein Bierchen oder ein Weinchen in der „Linde" zu nehmen. Aber vielleicht läßt sich da ja was reaktivieren ... Werner steht nach wie vor hinterm Zapfhahn, ein bißchen grauer geworden, aber immer noch der alte, und da schneien auch all die anderen wieder herein, mit denen man früher abendelang debattieren und schwadronieren konnte. So manche alte Bekanntschaft läßt sich aufs Angenehmste wieder in Gang bringen. Und vielleicht geht sie auch über die reine Stammtischbrüder- oder -schwesternschaft hinaus.

Teil II

Es ist soweit ...

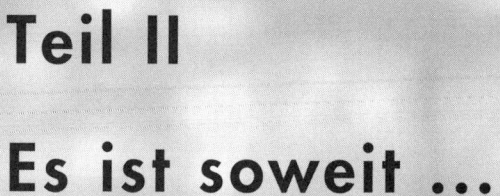

„Trauerarbeit" – meist unumgänglich

BEISPIEL IRGENDWAS IST ANDERS

„Und das mir!", sagte sich Marlene Schneider, als die passionierte Langschläferin wie üblich morgens kurz nach sechs Uhr wach wurde, auf den Wecker schaute und sich zunächst wunderte, daß er nicht klingelte. Nicht, daß das besonders ungewöhnlich wäre, Marlene ist schon immer vor dem Signal wach geworden. Aber ein vages Gefühl in ihrem noch verschlafenen Kopf sagte ihr, daß heute etwas nicht stimmte.
Marlene wälzte sich aus dem Bett, ging wie jeden Tag zur Tür, um die Zeitung aus dem Kasten zu holen, schlurfte dann in die Küche und schaltete die Kaffeemaschine ein, die sie schon am Vorabend vorbereitet hatte. Als sie ihre Morgentoilette begann und überlegte, was sie wohl heute fürs Büro anziehen sollte, wurde ihr schlagartig klar, daß sie gar nicht zur Arbeit mußte, nie mehr. Marlene war ja seit heute in Rente. Aber statt dem ersten Impuls zu folgen und sich wieder aufs Ohr zu legen, hörte sie dem Zischeln der alten Rowenta zu und weinte ein bißchen.

Auch ein paar Straßen weiter konnte jemand nicht mehr schlafen. Werner Leis wollte früh in die Stadt fahren, Wurst und Brötchen holen, um dann den Kollegen als frischgebackener Rentner einen Besuch abzustatten. Seit drei Wochen war er nicht mehr im Werk gewesen, an und für sich nichts Ungewöhnliches, denn schließlich hatte er ja nur seinen Resturlaub genommen. In Italien war er gewesen, und wegen der Reisevorbereitungen hatte er auch die Abschiedsfeier im Betrieb ausfallen lassen. Die wollte er jetzt in der Frühstückspause zünftig nachholen. Leis machte sich auf den Weg. Am Werkstor verlangte der Pförtner nach dem Ausweis. Den hatte Werner Leis aber an seinem letzten Arbeitstag im Personalbüro abgegeben. Der Pförtner schüttelte bedauernd den Kopf „Tut mir leid. Ohne Ausweis kannst du nicht rein, Werner. Das weist du doch. Besorg dir beim Schmidt einen Besucherschein." Werner Leis war wie vor den Kopf gestoßen, winkte ab und ging grußlos und ein wenig verwirrt zurück zu seinem Wagen.

Sicher beginnt nicht jeder seinen Ruhestand mit solchen Negativerlebnissen. Aber beinahe immer wird der Übergang vom Berufsleben in den Ruhestand als massiver Einschnitt, als Schockerlebnis empfunden.

Ob freiwillig oder „gezwungen freiwillig": Wenn die Arbeitspapiere zurückgegeben sind, die Verabschiedung gefeiert ist, der Resturlaub vielleicht zu einem zumindest äußerlich sanften Übergang geführt hat, wird der Morgen kommen, wo Sie feststellen: „Ich bin Rentner." Die alten Routinen stecken noch in den Knochen, aber die Situation hat sich komplett verändert.

Es gibt keinen Zweifel daran, daß der Austritt aus dem Berufsleben ebenso zu den einschneidenden Lebensereignissen gehört wie die Pubertät, der Berufseintritt, die Eheschließung oder die Elternschaft. Nicht zu Unrecht haben diese biographischen Wegmarken auch den Namen „Lebenskrisen". Gute Vorbereitung kann helfen, diese Krise schneller zu meistern - das ist das Hauptanliegen dieses Buches -, völlig vermeiden lassen wird sich der Gefühlsaufruhr indessen nicht. Auch wenn Sie sich vor der Pensionierung überlegt haben, welche Tätigkeiten an die Stelle der Berufsarbeit treten sollen, wo Sie sich engagieren möchten, wie Sie den häuslichen Alltag mit Ihrer Partnerin oder Ihrem Partner gestalten wollen, kann es gut sein, daß Sie zunächst einmal in ein „schwarzes Loch" fallen.

Oft fällt man erst mal in ein „schwarzes Loch"

Manche der Gefühle bleiben gänzlich unscharf, sind irritierend, beunruhigend, aber nicht recht zu lokalisieren. Andere drücken sich in Fragen und bedauernden, vielleicht sogar selbstmitleidigen Feststellungen aus:

- ▶ Ich werde nicht mehr gebraucht.
- ▶ Jetzt gehöre ich zum alten Eisen.
- ▶ Jetzt kann ich gar nichts mehr tun.
- ▶ Die wollen mich ja gar nicht mehr.
- ▶ Ich falle meinem Partner ja nur zur Last.
- ▶ Ich bin hier völlig überflüssig.

Das plötzliche Umschlagen von Aktivität in vermeintliche oder tatsächliche Passivität rüttelt an den seelischen Grundfesten. Statt die Realität zu akzeptieren, sucht sich die Seele kleine Zufluchtsstätten, um den Tatsachen aus dem Weg gehen zu können. Die Realität wird geleugnet.

Die kleinen Selbsttäuschungen funktionieren am Anfang noch ganz gut. Fühlt sich die viele freie Zeit nicht wie „Urlaub" an? Jetzt wird sich erst mal richtig erholt! Oder das genaue Gegenteil passiert, wie bei jenem Amtsvorsteher, über dessen Abschiedsfeier, bei der der Bürgermeister die beträchtliche Lebensleistung seines Spitzenbeamten lobte, sogar in der Lokalzeitung berichtet wurde. Da stand dann zu lesen, daß sich der Pensionär nun besonders auf seinen Garten und seine Enkel freue, für die er jetzt endlich genügend Zeit habe. Aber nicht einmal eine Woche später besuchte er die alten Kollegen in der Amtsstube, „nur um auf dem laufenden zu bleiben", so, als sei es allein eine Frage der Zeit, bis er seinen alten Platz am Schreibtisch wieder einnehmen könne. Die Besuche wiederholten sich, und nur allmählich bemerkte er, daß die ehemaligen Kollegen mehr und mehr mit gereizter Höflichkeit oder mit mildem Spott auf seine Ratschläge und Nachfragen reagierten. Er fühlte sich gekränkt und ließ seine Visiten künftig bleiben.

Die Seele hinkt oft hinterher

So oder so, mit der Zeit werden Sie feststellen, daß sich die Uhr nicht mehr zurückdrehen läßt. Der neue Lebensabschnitt hat tatsächlich und unwiderruflich begonnen. Die Reaktionen auf diese Erkenntnis, diese neuen Lebenserfahrungen werden Sie nur in Grenzen steuern können. Denn eines ist klar: Als Ruheständlerin, Rentner, Pensionärin beginnen Sie nicht bei Null. Mit dem ersten Tag des Ruhestandes fängt zwar ein neuer Lebensabschnitt an, aber ein „neuer Mensch" ist damit noch nicht aus Ihnen geworden, selbst wenn Sie sich nach einem anstrengenden Berufsleben, das vielleicht sogar Ihre Gesundheit geschädigt hat, „wie neugeboren" fühlen sollten.

Die Biografie wirkt nach, die Marotten und Manieren, die Widerstände und Interessen. Sie können auch als Ruheständlerin buchstäblich nicht aus Ihrer Haut. Ein paar der Reaktionen, das hat die Altersforschung sogar relativ unzweideutig ergeben, sind recht gut vorhersehbar. Allerdings sind sie abhängig von den jeweils individuellen Bedingungen. Wer finanzielle Einschränkungen zu

Die eigene Biografie wirkt nach

erwarten hat, dem ist auch nicht mit einer „positiven Einstellung" zum Ruhestand geholfen, wer seine persönlichen Kontakte sorglos oder gezwungenermaßen vernachlässigt hat, auf den kommt ein Stück Arbeit zu, neue aufzubauen. Und es ist nicht mal sicher, daß dies befriedigend gelingt. Trotzdem lassen sich Schwierigkeiten meistern oder schmerzloser überwinden, wenn Sie es schaffen, sich vorher darauf einzustellen.

> **TIP**
>
> *Das Wissen um die verschiedenen Phasen erleichtert den Übergang.*

Bestimmte Reaktionen sind völlig normal und treffen jeden. Wissenschaftliche Untersuchungen haben sogar ergeben, daß die erste Zeit des Ruhestandes - natürlich mit individuellen Abweichungen - nach einem bestimmten Muster verläuft, dem sich kaum jemand entziehen kann. Es ist deshalb wichtig zu wissen, daß diese Phasen mit großer Wahrscheinlichkeit eintreten werden, daß man sie durchleben und meistern muß. Es ist aber genauso eine Tatsache, daß das, was man kennt oder erwartet, leichter zu bewältigen ist, weil es nicht nur passiv „erlitten", sondern in weiten Teilen sogar gestaltet oder gesteuert werden kann.

Das Wissen um diese Mechanismen kann helfen, jene Einflüsse abzuwehren, die erneut diktieren wollen, wie „man" sich zu verhalten hat. Medien, Werbung, Politik, Wirtschaft und häufig sogar die Wissenschaft, nicht zu reden von den vielen Menschen, die „gutgemeinte" Ratschläge erteilen, sind schnell bei der Hand, wenn es darum geht zu erklären, wie sich eine Rentnerin oder ein Rentner zu verhalten haben. Das hat selten oder nie etwas mit den tatsächlichen Bedürfnissen von Menschen in der sogenannten dritten Lebensphase zu tun. Und die Absichten, die hinter solchen Aussagen stecken, sind meistens nur allzu vordergründig. Um nicht in diese Fallen zu tappen, ist es wichtig, sich auf die natürlichen und überwiegend unvermeidbaren Reaktionen und Abläufe in der ersten Zeit des Ruhestandes einzustellen. Vergegenwärtigen Sie sich, daß die psychischen Prozesse, die nun ablaufen werden, völlig normal und - gemessen an Ihrer Biographie, an Ihrem bisherigen Leben - sogar folgerichtig sind. Also:

Nehmen wir an, die erste Zeit des Ruhestandes ist da:
- ▶ Die ganze Situation „fühlt" sich ein wenig fremd, ja eigenartig an.
- ▶ Vielleicht reagieren Sie darauf mit Rückzug von anderen. Das kann die Familie betreffen, die Freunde und die Nachbarn.

Sie haben sich noch nicht in Ihrer neuen Rolle eingerichtet. Weil Sie unsicher sind, meiden Sie Kontakte. Sie entwickeln Empfindlichkeiten, werden ärgerlich oder aggressiv in Situationen, in denen Sie früher völlig gelassen geblieben wären. Wahrscheinlich bemerken Sie das zunächst nicht einmal selbst. Die „typischen" Rentner gehen Ihnen regelrecht auf die Nerven: Entweder hocken sie auf der Parkbank und lassen einen spüren, daß sie alle Zeit der Welt haben, oder sie verbreiten Hektik nach dem bekannten Spottwort, daß Rentner nie Zeit haben.

Aber auch im Zusammenleben mit Ihrem Partner, Ihrer Partnerin gibt es plötzlich Reibereien.

Probleme in der Partnerschaft

▶ Da lebt Ihre Frau vielleicht genauso weiter wie bisher und nimmt vermeintlich gar nicht wahr, daß für Sie selbst alles anders geworden ist.
▶ Oder Ihre Partnerin/Ihr Partner ist schon längst in Rente und hat offensichtlich nur den Tag abgepaßt, wo Sie selbst in Rente gehen. Jetzt erwartet sie oder er ein ständiges Unterhaltungsprogramm, und Ihre eigenen Wünsche bleiben auf der Strecke.
▶ Unglücklicherweise fällt es besonders schwer zu erkennen, ob Ihr Partner diesen Anspruch tatsächlich erhebt oder ob Sie es selbst nur so empfinden.

Richtig unerfreulich kann die Situation auch dann sein, wenn Ihre Partnerin/Ihr Partner noch mitten im Beruf steht. „Die (oder der) hat es gut" denken Sie vielleicht. Sie sind ein bißchen neidisch. Möglicherweise kommt es zu Reibereien, weil Sie die Berufstätigkeit des Partners abwerten, um Ihre eigene Unsicherheit zu überspielen.

Diese Phase der Unsicherheiten, der Instabilität geht aber vorbei. Es wird der Zeitpunkt kommen, wo Sie wieder Lust haben, aktiv zu werden, wo Sie bereit sind, Ihr Leben neu zu gestalten. Die Ergebnisse der Forschung sind dabei recht ermutigend. In den meisten Fällen wird nämlich die Zufriedenheit mit dem neuen Lebensabschnitt im Laufe der Zeit immer größer. Unabhängig davon, als wie negativ die Pensionierung zunächst empfunden wurde. Der neue Lebensabschnitt wird zunehmend nicht mehr unter dem Gesichtspunkt betrachtet, einen Verlust erlitten zu haben, sondern als Möglichkeit, nun endlich frei von den Korsettstangen eines reglementierten Berufslebens über die eigene Zeit zu verfügen.

Licht am Ende des „Tunnels"

Wie gehe ich eigentlich mit meiner Zeit um?

Ihre Art, mit Freizeit umzugehen, haben Sie vor allem im Laufe des Berufslebens gelernt. Einstellungen und Wertvorstellungen haben sich seit der Kindheit geprägt.

Der folgende Fragebogen soll Ihnen helfen, sich etwas klarer zu werden über Ihr eigenes Freizeitverhalten. Daraus lassen sich Schlüsse ziehen, wie Sie Ihr Leben als Rentner(in) gestalten werden. Gleichzeitig erhalten Sie aber auch Hinweise darauf, was Sie vielleicht ändern sollten.

Bitte kreuzen Sie jede Aussage, jedes Sprichwort an, dem Sie (überwiegend) zustimmen. Denken Sie nicht zu lange über die einzelnen Sätze nach, sondern reagieren Sie möglichst spontan.

Fragebogen

Bitte ankreuzen, was zutrifft

1. Wenn ich einen runden Geburtstag vorbereite, fange ich mindestens zwei Wochen vorher mit den Vorbereitungen an, um auf Unvorhergesehenes spontan reagieren zu können. ☐

2. Meist habe ich zuviel zu tun, als daß ich in Ruhe ein Buch lesen könnte. ☐

3. Anerkennung erhalte ich nur, wenn ich stets etwas Nützliches tue. ☐

4. Wenn der Rasen für den Rasenmäher zu hoch wird, muß die Wiese eben am Ende des Som-

WIE GEHE ICH EIGENTLICH MIT MEINER ZEIT UM?

Bitte ankreuzen, was zutrifft

mers mit der Sense gemäht werden - oder das Gras vertrocknet im Winter von selbst. ☐

5. Wenn ich mir für heute etwas vorgenommen habe, erledige ich es auch, komme was da wolle. ☐

6. Arbeit und Erholung sind gleich wichtig. ☐

7. An freien Tagen stelle ich fast immer fest, daß es Abend geworden ist, ohne daß ich etwas von dem erledigt habe, was ich mir vorgenommen hatte. ☐

8. Ich verstehe einen Menschen gut, von dem man sagt: „Sein Leben war Arbeit und Sorge für die Seinen." ☐

9. Es ist schon öfter vorgekommen, daß ich meine Steuererklärung erst nach Mahnung des Finanzamtes abgegeben habe. ☐

10. Für Samstagmorgen habe ich einen festen Arbeitsplan. Da bleibt selten Zeit für spontane Unternehmungen. ☐

11. Arbeiten, die ich nicht mag, erledige ich sehr rasch, belohne mich dann aber mit etwas Angenehmem. ☐

Bitte ankreuzen, was zutrifft

12. Ein „vergammelter" freier Tag ist für mich verlorene Zeit. ☐

13. Was Pflichten sind, das bestimme ich selbst. ☐

14. Ich kann mich oft einfach nicht aufraffen, eine notwendige Arbeit anzufangen. ☐

15. Auch im Urlaub zu Hause muß vor allem immer genügend Zeit zur Muße bleiben. ☐

16. Was du heute kannst besorgen, geht ganz bestimmt auch übermorgen. ☐

17. Wer aufräumt, ist nur zu faul zum Suchen. ☐

18. Von Schicksalsschlägen abgesehen, hängt es von mir ganz allein ab, was aus meinem Leben wird. ☐

Jetzt werden die Kreuze in diese Tabelle übertragen

Aussage ▶ Typ ▼	1	2	3	4	5	6	7	8	9	10	11	12	13	14	15	16	17	18	Summe ▼
A		●	●	●			●	●		●									
B					●		●		●				●		●	●			
C	●					●				●	●	●		●			●		

Auswertung

Gezählt werden nur die zutreffenden Aussagen, also die Kreuze. Sehen Sie in der Tabelle links unten nach, zu welcher Kategorie – A, B oder C – Ihre jeweilige Antwort gehört, und kreuzen Sie sie gegebenenfalls an. Ihr „Typ" entspricht der Kategorie, in der Sie den meisten Aussagen zugestimmt haben. Schauen Sie aber auch dort nach, wo Sie die zweithöchste Anzahl der Antworten haben. Jeder Mensch hat verschiedene Wesenszüge und zum Teil sogar gegensätzliche Verhaltensmuster in sich, abhängig von der jeweiligen Situation.

Die Typen

▶ Typ A: Systematisch planend

Sie sind ein sehr systematischer Mensch. Ihre Pflichten kennen Sie genau, und Sie haben auch einen festen Zeitplan, wann was zu erledigen ist. Wohnung, Haus und Garten sind stets gepflegt – egal, wieviel Zeit Sie Ihr Beruf kostet. Dabei kommt aber die eigentliche Freizeit, die Zeit, die Sie nur für sich haben, etwas zu kurz. Für spontane Unternehmungen sind Sie selten zu gewinnen, weil es Ihnen schwerfällt, von Ihrem „Arbeitsplan" abzuweichen. Vielleicht haben Sie schon früh gelernt, daß man Lob nur erhält, wenn man sich mit „etwas Nützlichem" beschäftigt.

Als Rentner(in) werden Sie sicher nicht über Langeweile klagen können. Sie haben immer zu tun, möglicherweise fragen Sie sich, wie Sie vorher die Zeit für den Beruf aufbringen konnten. Über all Ihren Aufgaben sollten Sie aber nicht vergessen, sich etwas zu gönnen. Planen Sie auch Zeit für Vergnügliches ein, eine Urlaubsreise zum Beispiel, weil Sie gerade Lust dazu haben, Ausflüge mit Ihrer Partnerin oder Ihrem Partner oder mit Freunden, einen Nachmittag im Café, ein Konzert, einen Kinobesuch und und und. Versuchen Sie auch mal, sich einen Ruck zu geben, wenn Freunde anrufen und Sie spontan zu einem Grillfest im Grünen einladen. Es gibt wenig Arbeit, die Sie nicht auch am nächsten Tag noch erledigen könnten. Der Ruhestand hat Ihnen die Verfügungsgewalt über Ihre Zeit zurückgegeben. Nutzen Sie sie!

▶ Typ B: Lässig

Sie nehmen das Leben von der leichten Seite. Sie machen Ihren Job, aber Ihre Freizeit gehört Ihnen. Da wollen Sie nicht von

Pflichten belastet werden, schließlich ist morgen auch noch ein Tag. So vergeht die Zeit, Sie wundern sich, wie schnell eine Woche, ein Monat, ein Jahr vergangen sind. Der Wasserhahn ist immer noch nicht repariert, Jahre alte Urlaubsbilder sollten auch längst eingeordnet sein. Aber die Zeit verrinnt Ihnen unter den Händen. Manchmal sind Sie deswegen unzufrieden mit sich selbst, denn Sie haben nichts von dem umgesetzt, was Sie eigentlich machen wollten.

Als Rentner(in) werden Sie zunächst die viele freie Zeit genießen, lange ausschlafen, spät, aber ausgiebig frühstücken, die Zeitung sehr intensiv lesen usw. Aber mit der Zeit wird sich auch Langeweile einstellen. Sie möchten wieder etwas Sinnvolles mit Ihrer Zeit anfangen. Aber wie? Das Übermaß an Freizeit hat vielleicht eine lähmende Wirkung auf Sie. Da muß Struktur hinein. Nehmen Sie sich zunächst für jeden Tag etwas vor. Und tun Sie's dann auch. Mit der Zeit reicht es vielleicht, Pläne für eine Woche, einen Monat zu machen, eventuell sogar schriftlich. Es kann sehr befriedigend sein, erledigte Aufgaben einfach abzuhaken. Nehmen Sie sich vor, alte Freunde anzurufen und zu treffen. Und tun Sie's dann auch!

▶ **Typ C: Selbstbestimmt**

Sie sorgen für sich – Sie tun, was nötig ist, um sich dann den Dingen zuzuwenden, die Ihnen Freude bereiten. Dabei halten Sie sich nicht sklavisch an feste Zeitpläne, sondern sind spontan genug, um den schönen Sommerabend in einem Biergarten zu beschließen oder am Samstag den Koffer zu packen und mit Ihrer Partnerin oder Ihrem Partner das Wochenende in einem idyllischen Hotel zu verbringen. Sie erledigen selten etwas in letzter Minute, sondern haben genug Spielraum, um selbst bestimmen zu können, wann Sie was tun.

Als Rentner(in) werden Sie an diesem Lebensstil nichts ändern müssen. Sie finden einen gesunden Ausgleich zwischen dem, was einfach getan werden muß, und dem, was getan werden „muß", weil es einfach Freude bereitet. Sie können sich deshalb jeden Morgen sagen: „Mein Tag gehört mir."

Was bleibt, was ändert sich?

Beim zweiten Pils wird Frieder Folkert deutlich: „Weißt du, ich bin zwar Chef meiner Abteilung, aber ich bin nicht Herr meines Arbeitstages." Und Folkert erklärt seinem Thekenbekannten, wie das so läuft. „Wenn ich morgens ins Büro komme, bringt mir meine Sekretärin den Kaffee. Dann läßt sie mich ein paar Minuten in Ruhe, damit ich in die Zeitung gucken kann. Spätestens um halb neun pflanzt sie sich mit dem Terminkalender vor mir auf und sagt mir, mit wem ich mich wann zu treffen habe, wann ich wen zurückrufen muß, und bittet mich, die Papiere in der Unterschriftenmappe abzuzeichnen. Das geht so, bis sie Feierabend hat. Bin ich dann endlich auch zu Hause, will meine Frau was wegen des Hauses mit mir besprechen, weil sie noch nicht dazu gekommen ist, und Christian hat dann auch noch was auf der Pfanne. Ich komme mir dann immer vor wie eine elektrische Eisenbahn. Morgens werde ich auf die Schienen gesetzt und kann nur drauf hoffen, daß abends jemand da ist, der den Strom abschaltet und mich wieder vom Gleis nimmt." Das Thekengegenüber nickt wissend und bestellt das dritte Bier.

    Die Namen sind natürlich geändert, aber genau so hat sich die Sache zugetragen. Der Autor war selbst dabei. Die kleine Geschichte illustriert einen der eigentümlichsten Umstände, die das Leben des Homo sapiens begleiten, seit er vom Baum gestiegen ist und den aufrechten Gang geprobt hat: Der Mensch kann über Weltreiche gebieten, Atome spalten und Kreuzworträtsel im ZEIT-Magazin lösen - Herr über seine Zeit ist er nicht. Und so sehr er sich danach sehnt, es zu sein, so sehr er sich wünscht, endlich tun und lassen zu können, was ihm wann und wie auch immer zupasse kommt, es gelingt ihm nicht. Und noch dann, wenn die Terminkalender und Sekretärinnen verschwunden sind, Ehepartner, Freunde und Kinder ein Einsehen haben und er endlich am Ziele wäre, dann wünscht er sich nichts mehr als Regelmäßigkeit und Struktur. Wenn sie nicht von außen kommt, dann bringt er sie selbst hinein. Schafft er das nicht, wird er ausgesprochen unleidlich.

Der schwierige Umgang mit der eigenen Zeit

Wem das zu prosaisch ist, der sei auf den amerikanischen Psychotherapeuten und Begründer der sogenannten Transaktionsanalyse, *Eric Berne*, verwiesen. Der hat nämlich in seinem Buch „Spiele der Erwachsenen" sinngemäß gesagt, daß es eines der Grundbedürfnisse des Menschen ist, Zeit zu strukturieren. Absichtsvoll gedrechselt, liest sich das aus der Feder *Bernes* so: „Die allgemeinste, naheliegendste, bequemste und zweckdienlichste Methode der Zeit-Strukturierung besteht in einer Unternehmung, die dazu dient, sich mit der stofflichen Substanz der äußeren Realitäten auseinanderzusetzen, und die allgemein unter der Bezeichnung ‚Arbeit' bekannt ist."

Ein Muß: die eigene Zeit sinnvoll strukturieren

Gelingt diese Zeitstrukturierung – ob durch Arbeit oder anderes – nicht sinnvoll, sucht der Mensch einen Ersatz und findet ihn in ausgesprochen destruktiven Spielen. Und die laufen dann nicht so harmlos ab wie „Mensch ärgere dich nicht". So mancher bringt es zu wahrer Könnerschaft, wenn es um die Aufgabe geht „Wie breche ich am wirkungsvollsten einen Streit vom Zaun?" Ort und Beteiligte sind frei wählbar, der Anlaß ist überwiegend nichtig, im allgemeinen trifft es aber den Partner und nahe Freunde zu jeder Tages- und Nachtzeit, ob in der Öffentlichkeit oder zu Hause. Beliebte Requisiten sind werfbare Gegenstände und Türen, die sich knallen lassen. Über weitergehende Varianten und Optionen wird bisweilen in den Gerichtsreportagen der Tageszeitungen berichtet.

Herr(in) über die eigene Zeit

Beinahe überflüssig zu sagen, daß es grundsätzlich erstrebenswerter ist, derlei Vergnügungen aus dem Weg zu gehen, indem man seinen Tag mit sinnvollen Beschäftigungen füllt. Was „sinnvoll" ist, orientiert sich nicht daran, was Nachbarn, Freunde oder die Familie wünschen (das kann mit hineinspielen, muß es aber nicht), sondern daran, was sich aus den eigenen Bedürfnissen ergibt. *Erich Kästner* hat seinen Wunsch-Stundenplan einmal in etwa so beschrieben: Spätmorgens möchte er im Pavillon eines alten

WAS BLEIBT, WAS ÄNDERT SICH?

Schloßparkes erwachen, frühstücken und dann den sächsischen Hofzwergen, engen Verwandten der bekannten Heinzelmännchen, knappe Angaben machen, damit die seine Romane und Gedichte schreiben. Danach möchte er auf dem Hengst Almansor ausreiten, hernach ins Café eilen, um der Sekretärin wichtige Briefe zu diktieren, am Weiher im Park die Enten füttern, um schließlich bei offenem Fenster in seinem Pavillon den Nachtschlaf zu genießen. Die Vorstellungen des Dresdner Moralisten mögen sehr romantisch gewesen sein, eines beinhalten sie gleichwohl: Der Tag sollte Struktur haben.

Erinnern Sie sich, wie der Ablauf vor der Pensionierung gewesen ist:

▶ Hat nicht der Rhythmus der Arbeit - ob im Büro oder in der Fabrik - den Tag, Woche für Woche, Monat für Monat, Jahr um Jahr geprägt und vorherbestimmt?

▶ Und gab's neben den Routinen und Ritualen des Aufstehens und Zur-Arbeit-Gehens nicht auch noch die Frühstücks- und Mittagspausen, die Gespräche mit Kollegen am Kantinentisch?

▶ Vielleicht war der Berufsalltag auch vom Zusammentreffen, von den Gesprächen mit den unterschiedlichsten Menschen geprägt. Die werden Sie als frischgebackener Ruheständler oder als Pensionärin vermissen.

Gleichviel: Auf die Rahmenbedingungen dieses Alltags hatten Sie wenig oder keinen Einfluß. Andere, ob reale Personen oder abstrakte Institutionen, haben darüber bestimmt, wann es Zeit zum Aufstehen, Essen, Arbeiten oder Pausemachen war. Eltern, Lehrherren, Vorgesetzte, Chefs haben unser gesamtes Leben in Bahnen gelenkt, mal mit mehr, meistens wohl mit weniger Spielraum. Manche Einschränkungen haben wir kaum registriert, an andere haben wir uns nur mit Mühe oder sogar nur unter Zwang gewöhnt. Der Ruhestand ist die erste realistische Chance, die Verfügungsgewalt über unsere Zeit in großzügigem Umfange zu erlangen, eine Flexibilität, die wir möglicherweise nie, mindestens aber seit dem Beginn des Berufslebens nicht mehr erlebt haben: Mit dem Ruhestand eröffnet sich uns die einmalige Chance, unsere Zeit neu, nach unseren eigenen Wünschen, Fähigkeiten und Möglichkeiten zu strukturieren.

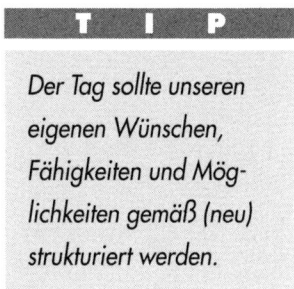

TIP
Der Tag sollte unseren eigenen Wünschen, Fähigkeiten und Möglichkeiten gemäß (neu) strukturiert werden.

Alte Gewohnheiten überprüfen

Aber aller Anfang ist schwer. Viele „Neu-Rentner" müssen ihren Rhythmus erst finden. Die alten Gewohnheiten stecken buchstäblich noch in den Knochen. Der Wecker im Kopf läßt sie zur „üblichen" Zeit aufwachen, spätestens zur „Mittagspause" meldet der Magen „Hunger", die Briefmarkensammlung wird erst am Abend hervorgeholt, der Ausflug steht frühestens am Wochenende auf dem Programm. Sogar der Termin für die Urlaubsfahrt wird eingeplant wie all die Jahre zuvor.

Gewohnheiten mögen sehr haltbar sein, unveränderbar sind sie nicht. Wenn ihr Sinn und Zweck verlorengeht, beginnen sie sich aufzulösen. Neue entwickeln sich, die den gewandelten Anforderungen besser entsprechen. Die meisten stellen sich ganz ohne unser Zutun ein: Warum auch sollte eine passionierte Langschläferin in aller Herrgottsfrühe aufstehen? Die innere Uhr beginnt sich umzustellen. Manch einer wird vielleicht ein schlechtes Gewissen haben; als Leserin oder Leser dieses Ratgebers sollten Sie aber keine Mühe haben, dagegen anzugehen.

Auch bis vor kurzem so segensreiche Einrichtungen wie das Wochenende werden einer neuen Bewertung unterzogen werden, ob bewußt oder unbewußt. Früher waren Samstag und Sonntag dazu da, um sich von der Hektik des Berufsalltags zu erholen und Kräfte zu schöpfen. Diese Funktion ist jetzt überflüssig geworden, und Samstag und Sonntag sind Wochentage wie alle anderen, die nur deshalb noch unterschieden werden, weil die Geschäfte kürzer oder gar nicht geöffnet haben und weil man voraussichtlich nur an diesen Tagen jene Freunde treffen kann, die noch im Berufsleben stehen.

Ihr neuer Lebensrhythmus ist im Entstehen begriffen, und Sie können ihn planen.

Sylvia Kade hat für das *Deutsche Institut für Erwachsenenbildung* eine Studie erarbeitet, die sich intensiv mit Bildungsmöglichkeiten für Ältere auseinandersetzt. Im zweiten Band ihres Buches „Altersbildung" hat sie deutlich hervorgehoben, was mit Zeitorganisation bei älteren Menschen gemeint sein könnte. Und das weicht wohltuend von den Konzepten ab, die da und dort immer noch für Ruheständler empfohlen werden: „Es ist deshalb nützlich,

Braucht Zeit:
einen neuen
Rhythmus finden

einen persönlich sinnvollen Umgang mit der Zeit, einen eigenen Tagesrhythmus zu finden, der den veränderten Rhythmen im Alter besser angepaßt ist."

Und das heißt nicht, sich erneut Zwänge aufzuerlegen oder das alte Zeitkorsett lediglich durch ein neues, aber ebenso einschränkendes zu ersetzen. In diesem Sinne kann veränderter Zeitrhythmus bedeuten, „später aufzustehen, sich mehr Zeit für Hausarbeiten zu gönnen, aber auch, sich mehr Zeit zu nehmen für Tätigkeiten, die Spaß machen, oder einfach Zeit zu verschleudern".

Es gehe im Alter, sagt die Autorin weiter, eben gerade nicht darum, Zeit effektiver zu organisieren, sondern dem Persönlichen, den Abweichungen Spielräume zu eröffnen.

Das kann aber auch bedeuten, daß man sich bewußt bestimmten Verpflichtungen unterwirft – hoffentlich gewollten. So war in der sogenannten Seniorenbeilage einer Tageszeitung ein Passanten-Interview abgedruckt, in dem Rentner nach ihren „sommerlichen" Aktivitäten befragt wurden. „Keine freie Zeit, so sind wir Rentner eben" war der Artikel überschrieben. Ein Ehepaar, er 65 und sie 66 Jahre alt, hatte dem Journalisten erklärt:

Selbstgewählte Verpflichtungen

„Wir sind mit Arbeit für die Jugend ausgefüllt. Da bleibt keine Zeit für andere Dinge. So sind wir Rentner eben." Der Phantasie oder der Lebenserfahrung soll es überlassen bleiben, ob das Rentnerehepaar hundertprozentig ehrlich war oder ob es ein bißchen renommieren wollte. Zweifel daran, daß die beiden mit ihrer Situation tatsächlich rundum zufrieden waren, nährte zumindest das Zitat am Ende, wo noch einmal danach gefragt wurde, ob das Paar Gelegenheit für einen Park- oder Schwimmbadbesuch habe: „Früher hatten wir kein Geld dazu. Jetzt haben wir Geld, aber keine Zeit mehr."

Wesentlich ist aber, daß Sie sich selbst darüber klarwerden, was Sie wollen, was Sie können und wer Ihnen möglicherweise „dazwischenfunkt", wenn es um die persönliche Zeitplanung geht. Um ein „individuelles Zeitmuster" zu erarbeiten, stellen Sie sich doch einmal folgende Fragen (zitiert nach: Sylvia Kade, „Altersbildung", DIE, Frankfurt a. M., 1994):

Wo bestimmen Erwartungen anderer meine Zeitordnung?

Hilfreiche Fragen

- ▶ In welchen Bereichen setze ich mich unnötig unter Zeitdruck?
- ▶ Was ist mir wichtig, was ist mir unwichtig?
- ▶ Wofür möchte ich mir in Zukunft mehr Zeit nehmen?
- ▶ Welche Lebenspläne sind noch unerledigt und als Nachholbedarf offen?
- ▶ Was habe ich endlich hinter mir gelassen und als unwichtig aufgegeben?

Es kann sehr hilfreich sein, sich die Fragen laut vorzulesen und dabei das Wort „ich" oder „mir" besonders zu betonen. Das hat nichts mit Egoismus zu tun. Ihr Ziel ist ja die weitgehende „Autonomie", also die Selbstbestimmung. Und aus dieser Haltung heraus können Sie sich genauso dafür entscheiden, Ihr Rentnerdasein als Weltreisender zu verbringen, wie, sich für ein soziales Projekt einzusetzen.

Neue Aufgaben rufen

Vergessen Sie's. Als Rentnerin oder Pensionär können Sie keine Hobbys mehr haben. Schluß. Aus. Finito. Denn ein Hobby ist nach Ansicht von *Meyers großem Taschenlexikon* eine „als Ausgleich zur Berufs-, Tagesarbeit gewählte Beschäftigung, mit der jemand seine Freizeit ausfüllt und die er mit einem gewissen Eifer betreibt". Alternativ bietet das Lexikon noch äußerst wortkarg den Begriff „Liebhaberei" an. Punktum.

Spitzfindige Naturen könnten sich jetzt natürlich auch auf den zweiten Schlüsselbegriff in dieser Definition - die „Tagesarbeit" - stürzen und sagen: „Ist Abwaschen, Enkelhüten oder Rasenmähen etwa keine Arbeit? Also kann ich auch ein Hobby haben." Mitnichten, denn Arbeit ist (nach derselben Quelle) „jede auf ein wirtschaftliches Ziel gerichtete, planmäßige Tätigkeit des Menschen, gleichgültig ob geistige oder körperliche Kräfte eingesetzt werden". Also wieder Essig mit den Hobbys.

Und ist da nicht tatsächlich ein Quentchen Wahrheit dran, wenn Hobby und Beruf als Gegensatzpaar gebraucht werden? Beruf und Arbeit, das ist doch das, was getan werden muß, um das wirtschaftliche Überleben zu sichern. (Und es bleibt ein Muß, unabhängig davon, daß das „Schuften" vielleicht sogar ausgesprochen Spaß macht.) Dem Hobby, der Liebhaberei hingegen fehlt doch gerade jener zweckgerichtete Aspekt des unbedingt Notwendigen. Sicherlich ist diese Beschäftigung notwendig, weil sie das Leben bereichert und einen Ausgleich zum fremdbestimmten Alltag schafft, sie ist aber nicht notwendig in dem Sinne, daß ohne sie die Existenz bedroht wäre.

Das Gegensatzpaar Hobby und Beruf

Nun ist es beinahe schon ein Klischee - das von interessierter Seite stets gern wiederbelebt wird -, daß sich angehende Ruheständler angeblich auf nichts so sehr freuen, wie darauf, nun „endlich Zeit für meine Hobbys" zu haben. Allerdings - und das sei eingestanden - sind derlei Äußerungen von Jung-Rentnern recht zahlreich dokumentiert, ob in der wissenschaftlichen Literatur, in der Tageszeitung oder den bunten Blättchen. Leider ist bislang noch nicht in wünschenswerter Klarheit untersucht worden, ob diese Äußerungen den tatsächlichen Wünschen entsprechen oder ob sie lediglich eine Abwehrreaktion sind, um lästige Frager zu befriedigen. Klischees können eben auch ein gehöriges Eigenleben entwickeln.

Recht gut dokumentiert ist allerdings, daß sich eine beträchtliche Anzahl von Ruheständlern tatsächlich zunächst mit Leidenschaft auf ihre Liebhabereien stürzt. Genauso ist es aber eine Tatsache, daß ein Gutteil recht bald entdeckt, daß auch das interessanteste Hobby – so es lediglich als Zeitvertreib geeignet ist – nicht zur abendfüllenden, geschweige denn täglichen Veranstaltung taugt. Kaum jemand mag Tag für Tag puzzeln, basteln oder stricken. Wer sich gleichwohl damit wohl fühlt, muß sich niemandem gegenüber rechtfertigen. Daß aber vielen das reine Hobby nicht genügt, hat seine Ursache eben darin – und hier sind die oben genannten Lexikon-Definitionen sehr hilfreich –, daß dem Zeitvertreib das Gegengewicht des Berufsalltags fehlt. Wo die Arbeit fehlt, verliert die Entspannung viel von ihrem Sinn. Das Gegensatzpaar ist zerbrochen. Inwieweit ein ursächlicher Zusammenhang besteht, läßt sich nur schwer herausfinden, erkennbar ist aber die Tendenz bei vielen Ruheständlern, sich eine neue Aufgabe zu suchen, die sie fordert. Das Hobby wird natürlich weiterbetrieben, erfährt aber wieder seine Ergänzung durch eine Aufgabe, die Ansprüche stellt.

Wichtig neben dem Hobby: eine Aufgabe

„Familienarbeit" – immer gern gesehen

Seien Sie gewahr: Jeder Ruheständler, der auch nur andeutungsweise den Verdacht nährt, er fühle sich unterfordert und nicht ausgelastet, wird mit den Wünschen seiner Familie, namentlich seiner Kinder, konfrontiert. Enkel hüten, beim Hausbau helfen, den Garten verschönern. Derlei muß kein unsittlicher Antrag sein, aber Sie sollten im Fall der Fälle sehr genau prüfen, welche Aufgaben Sie in welchem Umfang übernehmen wollen. Junge und jüngere Ehepaare mit Kindern haben nämlich ein gleichsam natürliches Bedürfnis, verfügbare Großeltern immer dann als Babysitter einzuspannen, wenn sich potentielle Chancen ergeben, mal wieder Freunde zu treffen oder in trauter Zweisamkeit einen Abend oder ein Wochenende zu verbringen. Diese Wünsche sind legitim. Genauso legitim ist es aber auch von Ihrer Seite her, nein zu sagen, wenn Sie andere Pläne verfolgen.

Das Nein kann natürlich aber auch differenzierter ausfallen. Angenommen, es macht Ihnen tatsächlich Freude (und es tut Ihnen vielleicht sogar gut, „gebraucht" zu werden), Ihren erwachsenen Kindern ein wenig auszuhelfen. Das könnte dann tatsächlich die Aufgabe sein, die Sie gesucht haben. Das Zusammensein mit den Enkeln macht Ihnen Spaß? Warum nicht mal die lieben Kleinen für einen Abend oder auch für ein paar Tage einladen. Das kann ein Gewinn für Sie sein. Nur sollten Sie Ihrer Nachkommenschaft freundlich, aber unmißverständlich klarmachen, wann und in welchem Umfang Sie bei der Kinderbetreuung zur Verfügung stehen. Die Aussprache darüber kann schwierig sein, weil Sie sich vielleicht „moralisch" verpflichtet fühlen. Bleibt aber dieses offene Gespräch aus, sind Konflikte geradezu programmiert. Wahre Fußangeln können sich bei der Kindererziehung verbergen. Trachten Sie danach, auch hier klare Vereinbarungen mit den Eltern zu treffen.

Ihr Fachverstand mag dann gefragt sein, wenn die Kinder gerade ein Haus bauen. Vielleicht sind beide berufstätig und können sich die Woche über nicht im gewünschten Umfang um das Projekt kümmern. Behördengänge machen, ein bißchen Bauaufsicht spielen. Das könnte Ihnen passen? Vielleicht sind Ihre handwerklichen Fähigkeiten sogar so gut ausgeprägt, daß Sie Ihr Talent direkt einsetzen und beim Hausbau mithelfen wollen. Keine Frage, das könnte die Aufgabe sein, nach der Sie gesucht haben.

Wenn die Familie dringend Hilfe braucht

Möglicherweise sind Sie aber bereits mit weit ernsteren Aufgaben konfrontiert. Etwa dann, wenn Sie pflegebedürftige Eltern oder den Partner betreuen müssen. Nachweislich sind es zumeist Frauen, die sich hier in die bisweilen vermeintliche Pflicht nehmen lassen. Wie auch immer: Treffen Sie Arrangements mit dem Partner, den Geschwistern, den Kindern oder weiteren Familienangehörigen, soweit das möglich ist. Die Autorin und der Autor sind sich allerdings dessen bewußt, daß es in diesem speziellen Fall

Pflegebedürftige Personen betreuen

> **TIP**
>
> Führen Sie ein offenes, klärendes Gespräch mit Ihrer Familie, in dem Sie den Rahmen Ihrer „Hilfsdienste" abstecken.

mit generellen Ratschlägen nicht getan ist. Zu kompliziert stellt sich oft die individuelle familiäre Situation dar.

Die Pflege hilfsbedürftiger Familienmitglieder erzeugt schon für sich genommen eine belastende Situation. Belastend für einen selbst, belastend aber auch für die Partnerschaft und das Verhältnis zu den übrigen Familienangehörigen, etwa den Geschwistern mit Anhang und Kindern. Frühere Erziehungsmodelle haben buchstäblich ohne Rücksicht auf Verluste eine Pflicht zur Aufopferung vermittelt. Wieder sind es überwiegend Frauen, die diesen Erziehungsballast mit sich herumschleppen und (oft) zwischen dem aufgezwungenen Pflichtgefühl und der täglichen physischen und psychischen Belastung zerrieben werden. Das ist, nebenbei bemerkt, kein Umstand, der erst im Ruhestand zum Tragen kommt. Die Belastung ist während des Berufslebens sicherlich eher größer. Um so mehr besteht aber die Gefahr, daß die Frau, die bereits bisher - zusätzlich zur Berufsarbeit - die Pflege etwa des bettlägerigen Vaters übernommen hat, nun im Ruhestand von den übrigen Familienmitgliedern als quasi selbstverständlich Verantwortliche diese Aufgabe komplett aufgebürdet bekommt, „weil sie ja jetzt viel mehr Zeit dazu hat".

Dieses Dilemma aufzulösen ist äußerst schwierig. Es erfordert einigen Mut und viel Durchsetzungsvermögen, um sich nicht vereinnahmen zu lassen. Im günstigsten Fall kann ein klärendes Gespräch überzogene Ansprüche aus der Welt schaffen und den Druck der Belastung, der ohnehin existiert, ein wenig mindern. Es besteht aber auch die Gefahr, daß es zu handfesten Krächen kommt, die ganz gerne mit Hinweisen auf eine angebliche „moralische Verpflichtung" garniert werden. Die Situation scheint dann verfahren und der Konflikt kaum auflösbar zu sein, wenn bei einem solchen Krach schwere Geschütze aufgefahren werden, etwa Schuldzuweisungen wie „undankbar", „egoistisch" und so fort. Aus der Literatur und aus Lebenserfahrung wissen wir auch, daß so mancher sogar den Spieß umdreht und finanzielle Interessen unterstellt. Die Belastung, eigene Schuldgefühle und unfaire Schuldzuweisungen können so eine nachgerade explosive Mischung ergeben.

Die gern zitierte „moralische Verpflichtung"

Diese Situation ist vom „grünen Tisch" eines Autorenpaares aus nicht zu lösen. Hier tut individuelle professionelle Hilfe not.

Bevor Sie unter dem Druck zu zerbrechen drohen, machen Sie die nächstgelegene Selbsthilfegruppe ausfindig oder suchen Sie eine anerkannte Ehe-, Familien- und Lebensberatungsstelle (wie sie von Kirchen, aber auch von freien und kommunalen Trägern unterhalten werden) oder eine seriöse psychotherapeutische Praxis auf. Dort nimmt man Ihre Probleme ernst.

Erwägen Sie auch, bevor sich die Lage derartig zuspitzt, ob Sie nicht die Hilfe eines mobilen sozialen Hilfsdienstes in Anspruch nehmen wollen, der Sie bei der täglichen Pflege entlastet. Prüfen Sie auch, ob Sie für die Inspruchnahme dieses Dienstes nicht staatliche Unterstützung erhalten können, etwa aus der Pflegeversicherung. Aber seien Sie wachsam, wenn etwaige Finanzierungslücken über die Sozialhilfe ausgeglichen werden. Zumindest in Deutschland greift das Sozialamt bis zum Vermögen der Angehörigen eines pflegebedürftigen Menschen durch. Lassen Sie sich also individuell und verbindlich beraten, bevor Sie entscheidende Schritte unternehmen. Aber eines gilt auch: Selbst Heimunterbringung sollte kein Tabu sein. Ab 1996 übernimmt hier die Pflegeversicherung einen Teil der Kosten

Hilfen von außen

Die soziale Ader ausleben

Selbstverständlichkeiten sind leider nicht selbstverständlich. Reden wir vom Anspruch, über das eigene Leben selbst zu entscheiden. Wessen Kräfte nachlassen, wer hochbetagt nicht mehr mithalten kann, wer selbst in jungen Jahren wegen psychischer oder geistiger Behinderung „das alles" nicht (mehr) versteht, der ist auf Hilfe angewiesen. Von freier Selbstbestimmung bleibt da nicht viel. Und um so weniger dann, wenn staatliche Stellen in die Bresche springen (müssen), weil sich niemand findet, der sich dieser Menschen annimmt.

Die *Arbeiterwohlfahrt (AWO)* in Deutschland hat ermittelt, daß über 100 000 betroffene Menschen in Deutschland als „Betreuungsfälle" lediglich verwaltet werden. Bis 1992 galt in der Bundesrepublik ein Vormundschafts- und Pflegschaftsrecht, das

> **T I P**
>
> *Für Betreuungsvereine gibt es zumindest in der Bundesrepublik die unterschiedlichsten Träger. Wenn Sie sich für deren Arbeit interessieren, lohnt ein Anruf beim örtlichen Sozialamt oder der Stadt- oder Gemeindeverwaltung.*

manche der Betroffenen buchstäblich in die Entmündigung entließ. An diese Stelle sind gesetzlich bestellte Betreuer(innen) getreten. Diese Betreuer(innen) versucht die AWO in einem Betreuungsverein zu organisieren, um die ehrenamtlich engagierten Helfer rechtlich und fachlich zu unterstützen. Zu den typischen Aufgaben gehören die Gesundheitsfürsorge, also die Pflege der Kontakte zu Ärztinnen und Ärzten, die Vermögenssorge (zum Beispiel das Führen von Bankkonten) und das Aufenthaltsbestimmungsrecht (zum Beispiel die Überwachung der Rechte von Heimbewohner/innen). Ausdrücklich nicht zu den Aufgaben zählen Kranken- und Altenpflegeleistungen, Haushaltsführung, Kochen, Waschen und Einkaufen. Die Betreuer(innen) organisieren und regeln lediglich die täglichen Geschäfte und Versorgungsleistungen.

Diese Aufgabe ist besonders für Ruheständler kurz nach der Berufsaufgabe interessant, wie uns *Hermann Schulze*, Geschäftsführer des Betreuungsvereins der *Arbeiterwohlfahrt* Stadtkreisverband Pirmasens e.V., bestätigt hat. Denn gerade dieser Personenkreis verfügt über die wichtigsten Voraussetzungen, nämlich „... einen gesunden Menschenverstand, Lebenserfahrung und soziales Engagement".

Das Ziel dieser Betreuung ist, den betroffenen Menschen so lange wie möglich (und verantwortbar) die Eigenständigkeit zu erhalten. *Schulze* bezeichnet den Zeitaufwand der Betreuer(innen) selbst als gering, da sie „helfen, wo es unbedingt notwendig ist, nicht mehr und nicht weniger". Die Betreuer(innen) werden vom Gericht bestellt und sind versichert. Im genannten Beispiel werden Unkosten erstattet, in der Regel gebe es nach zwölf Monaten 375 Mark Aufwandsentschädigung.

Ehrenamtliches Engagement kann deshalb so befriedigend sein, weil es gerade auf die Eigenschaften zurückgreift, die ein Gerade-Ruheständler in besonderem Maße mitbringt: Lebenserfahrung und Lebensklugheit. Nicht verschwiegen werden soll, daß diese Tätigkeiten zumeist mit einem verbindlichen und bisweilen recht straffen Zeitkorsett verbunden sind. Das gilt etwa für die Mitarbeit beim Sorgentelefon des *Kinderschutzbundes*, wo zumeist feste Stundenpläne im wöchentlichen Rhythmus existieren, genauso wie für die Mitarbeit in einem Frauenhaus, bei den

Besuchsdiensten in Kranken-, Altenheimen und Gefängnissen, bei der Nachbarschaftshilfe oder der Telefonseelsorge.

Häufig werden Sie auch bei diesen Einrichtungen damit konfrontiert werden, einem Verein beitreten zu müssen. Bei allen Vorbehalten, die Sie gegenüber allzu festgefügter Organisation hegen mögen, empfiehlt es sich, darüber nachzudenken, ob durch eine solche Mitgliedschaft nicht schon deshalb mehr gewonnen als verloren ist, weil Sie sich dadurch ein gewisses Mitspracherecht sichern können. Sollten Sie in der mißlichen (oder - andersherum gedacht - glücklichen) Lage sein, Steuern zahlen zu müssen (oder zu dürfen, weil Ihr Einkommen auch im Ruhestand noch einträglich ist), dann lassen sich Mitgliedsbeiträge natürlich steuermindernd geltend machen, solange der Verein als gemeinnützig anerkannt ist. Dies dürfte in den meisten Fällen zutreffen, da diese Vereine in der überwiegenden Zahl auch auf Spenden angewiesen sind, die sie von Unternehmen und dem wohlhabenderen Zehntel der Bevölkerung erwarten

Pro und kontra Vereinsmitgliedschaft

„Vereinsmeierei"? Von wegen!

Nicht jeder, der Mitglied in einem Verein ist, heißt Meier. Eine Binsenwahrheit ist aber auch, daß viele Mitglieder es dabei bewenden lassen, ihren Beitrag zu überweisen und einmal beim Sommerfest oder der Weihnachtsfeier zu erscheinen. Das ist der Grund, warum Vereine und deren Mitglieder bisweilen eher belächelt werden. Dabei kann die Arbeit in und für eine Gemeinschaft, sei es bei den Kleintierzüchtern, den Sängern oder dem örtlichen Literatur- oder Theaterverein durchaus eine Aufgabe sein, die, mit entsprechendem Nachdruck verfolgt, sehr lohnend ist. Für den, der diese Arbeit tut, für den Verein und die Menschen am Ort nämlich. Dieses Engagement als „Vereinsmeierei" abzutun wäre schlichtweg unfair.

Ehrenamtliche Tätigkeit in Vereinen, Verbänden, Institutionen und öffentlichen Ämtern fassen die Statistiker gerne unter dem Begriff „soziales und ehrenamtliches Engagement" zusammen. Versteht man nun unter „ehrenamtlich" nicht jenes vereinnahmende Wort, mit dem altgediente Vereinsfunktionäre für ihre langjährige und vor allem kostenlose Tätigkeit spätestens dann vom örtlichen Bürgermeister geehrt werden, wenn sie ihr Amt endlich abgegeben haben, sondern eine Arbeit, die man aus eigenem Antrieb für sich und die Gemeinschaft tut, dann darf davon ausgegangen werden, daß sie ein Gewinn fürs Leben ist.

Statistisches zum Thema Ehrenamt

Das *Deutsche Statistische Bundesamt* in Wiesbaden hat 1991/92 untersucht, wieviel Zeit die Deutschen in jene ehrenamtliche Tätigkeit stecken. Dabei kamen zwei erwartungsgemäße und zwei beachtenswerte Ergebnisse zum Vorschein. Männer engagieren sich in allen Altersklassen deutlich häufiger in Ehrenämtern und verbringen damit auch mehr Zeit, als dies Frauen tun. Außerdem sind die Unterschiede zwischen den Jahrgängen 40-59 Jahre und 60-69 Jahre recht gering. Soweit dies das pure, quantitativ nicht bewertete Engagement betrifft. Zu den beachtenswerten Fakten zählt, daß das Engagement der Frauen im Alter zunimmt und sich Menschen zwischen 60 und 70 Jahren, ja selbst noch ältere, deutlich intensiver, also zeitaufwendiger ehrenamtlich engagieren. Nur die Durchschnitte betrachtet, investieren die 40- bis 59jährigen drei Stunden und 45 Minuten je Woche ins Ehrenamt, die 60- bis 70jährigen sind durchschnittlich mit fünfeinhalb Stunden dabei und die über 70jährigen sogar mit fünf Stunden und 40 Minuten, wobei hier bemerkenswert ist, daß der Zeitaufwand der Männer zurückgeht und der der Frauen mit über fünf Stunden sogar höher ist als bei den Männern zwischen 20 und 39 Jahren. Und in diesen Zahlen ist nicht einmal die Pflege Hilfsbedürftiger enthalten, die nach wie vor immer noch überwiegend von Frauen übernommen wird.

In der Tat ist die Zahl der Möglichkeiten, die ein lohnendes Feld für ehrenamtliche Tätigkeiten darstellen, unübersehbar. Das reicht von Selbsthilfeorganisationen, die sich zum Beispiel direkt mit Fragen der Senioren auseinandersetzen, über sozial engagierte Verbände und Vereine, wie etwa den *Deutschen Kinderschutzbund*, bis hin zu den reinen „Freizeitvereinen", wie wir sie alle aus unserer direkten Umgebung kennen. Manche dieser Organisationen haben eine recht komplizierte und bereits verfestigte Struktur, die größeren, die überregional oder gar landesweit agieren, verfügen da und dort über bezahlte Geschäftsführer, feste Büros und ähnliches. Diese stehen bei den folgenden Tips nicht im Mittelpunkt. Unser Augenmerk richtet sich eher auf die lokalen Organisationen, Ortsvereine (auch dieser überregionalen Institutionen) und so weiter, da deren Angebote leichter erreichbar sind und ein Engagement rascher sichtbare Früchte trägt.

Erfahrungsgemäß werden Vereine überwiegend von Berufstätigen (Männern) geleitet - was Sie als Frau nicht hinnehmen müssen. Wenn Sie bereits vor Eintritt in den Ruhestand Ihr eigenes Engagement verstärkt haben, besteht nach dem Rententermin eine gute Gelegenheit, sich für weitergehende Aufgaben zu empfehlen und sich für bestimmte Bereiche in Vorstände, Beiräte oder Arbeitsgemeinschaften wählen zu lassen. Da Vereinstätigkeit zumeist zeitintensiv ist, sind bestimmte Dienste von Berufstätigen nur mit großem Aufwand zu erbringen. Hier können Sie in die Bresche springen. Lohnende Aufgaben könnten zum Beispiel in der Übernahme der Pressearbeit, der Jugendbetreuung und der Organisation von Freizeitaktivitäten für den ganzen oder für Teile des Vereins liegen, wenn es nicht sogar erstrebenswert (und durchsetzbar) ist, sich gleich für den Vorsitz nominieren zu lassen.

Das eigene Wissen und Können weitergeben

Wem das Vereinsmeiern nicht paßt, weil die dort geübte Praxis die eigenen Freiräume eher einschränkt, als sie zu erweitern, kann auch aus seinen besonderen Vorlieben und Fähigkeiten ein anspruchsvolles und lohnendes Tätigkeitsfeld entwickeln.

Öffentliche Bildungseinrichtungen

In beinahe allen größeren Städten und Kreisen wird es Bildungseinrichtungen geben, die den deutschen Volkshochschulen entsprechen. Nicht immer sind es kommunale Träger. Manche dieser Bildungseinrichtungen werden wiederum von Vereinen oder Organisationen getragen. Fakt ist aber, daß bei den meisten steter Bedarf nach Dozenten besteht, die die Programmvielfalt der Einrichtung erweitern können. Die richtigen Ansprechpartner finden Sie leicht über die jeweiligen Stadt- oder Kreisverwaltungen heraus. Meist genügt sogar ein Blick in die Lokalpresse. Auch wenn Sie nicht selbst als Dozentin oder Dozent aktiv werden wollen: Im Kursangebot der Bildungseinrichtung findet sich mit Sicherheit

Eine mögliche neue Aufgabe: Dozent(in)

ein Thema, das auch Sie interessiert. *Margit Nuß*, Leiterin der Volkshochschule in Pirmasens, hat festgestellt: Neue Dozenten erwachsen ihrer Institution überwiegend aus dem Kreis der Hörer. Dabei verhalten sich Pensionäre kaum anders als Berufstätige, die ein Feierabendvergnügen suchen. Wer einmal – zu Recht – vermutet hat, es könnte sogar noch mehr Spaß machen, Wissen zu vermitteln als Wissen aufzunehmen, findet sich so manches Mal vorn im Seminarraum wieder. Doch davon später mehr.

Wissensbörsen

Sylvia Kade, ausgewiesene Expertin in Sachen Altersbildung, hat in ihrem gleichnamigen Buch ein sehr anregendes Konzept vorgestellt. Die Rede ist von sogenannten Wissensbörsen, die ursprünglich von der Schriftstellerin *Ingeborg Drewitz* initiiert worden sind und als Projekt vom Berliner Senat seit 1986 eine Förderung erfahren haben. Das funktioniert nach folgendem recht einfachen Schema: Die Kommune fördert eine Anlaufstelle, sprich ein Büro mit Telefon und kleinem Archiv, das den Kontakt zwischen Menschen mit gleichen Interessen herstellt, etwa Klavierspieler sucht Mitmusikant, Schachspielerin sucht Spielpartner, Motorradbastler sucht Gleichgesinnten oder auch: „Wer repariert meine Holztruhe?" Das attraktive an diesen Wissensbörsen ist, daß erfahrungsgemäß ein generationsübergreifender Kontakt zustande kommt, beispielsweise nach dem Muster: „Kleiner Junge mit Aquarium sucht Professor für Ichtyologie", oder: „Junger Schiffsmodellbauer sucht alten Hasen". Organisatorisch stehen beinahe alle Möglichkeiten offen, und es ist viel Raum für Eigeninitiative. Sollte Ihnen die Idee gefallen, setzen Sie sich doch einfach mal mit dem örtlichen Seniorenbüro, der Volkshochschule oder ähnlichen Organisationen in Verbindung, ob eine solche Einrichtung wie die Wissensbörse bereits existiert oder zumindest Interesse daran besteht, daß Sie selbst beim Aufbau dieser Einrichtung mitwirken.

Sylvia Kade hat bereits die Fragen formuliert, die zum Eintragen auf den nötigen Karteikarten beantwortet werden sollten (zitiert nach: Sylvia Kade, „Altersbildung, Ziele und Konzepte", DIE, 1994):

„Alt" hilft jung

ANBIETER-PROFIL

- Welche Fähigkeiten habe ich, die ich an andere weitervermitteln könnte?
- Welche Eigenschaften zeichnen mich aus (Geduld, Hilfsbereitschaft, Ausdauer, Kontaktfreudigkeit)?
- Gibt es Tätigkeiten, die ich mit zunehmendem Alter bevorzuge beziehungsweise meide?
- An welche Bedingungen knüpfe ich meine Bereitschaft, meine Fähigkeiten zur Verfügung zu stellen (keine weiten Wege oder Anfahrten, Geschlecht der Partner)?
- Gibt es zeitliche Begrenzungen meiner Einsatzbereitschaft (zum Beispiel jederzeit oder nach Vereinbarung)?

INTERESSENTEN-PROFIL

- Was wollte ich schon immer einmal lernen oder tun?
- In welchen Bereichen würde ich mich gerne zusammentun, um gemeinsam etwas zu unternehmen?
- An welche Bedingungen ist mein Interesse geknüpft (Tageszeit, keine Anfahrten, nur in Gruppe oder Einzelunterricht, Geschlecht, Alter, Hör- oder Sehschwäche)?
- Gibt es zeitliche Begrenzungen für meine Aktivität?

Nutzen Sie diesen Fragenkatalog für sich persönlich, um herauszufinden, ob Sie an einer Wissensbörse Gefallen finden könnten. Die reizvollste Aufgabe von allen mag natürlich sein, selbst aktiv zu werden und Mitstreiter, Behörden und Einrichtungen, vielleicht auch örtliche Parteien zu motivieren, beim Aufbau der Börse mitzuwirken und diese am Leben zu erhalten.

Pensionierte und passionierte Profis

Mögen VHS und Wissensbörse noch den Anflug eines Anscheins von Freizeitbeschäftigung haben, geht es beim nächsten Vorschlag regelrecht professionell zur Sache. Denn Profis, pensionierte und passionierte, sind gefragt beim SES, dem *Senior Experten Service*, den wir Ihnen stellvertretend für zahlreiche andere, vergleichbare Organisationen etwas näher vorstellen wollen.

Seniorexperten im Einsatz

Der SES wurde vor rund zehn Jahren als gemeinnützige Gesellschaft der deutschen Wirtschaft gegründet und hat sich zum Ziel gesetzt, pensionierte Fachkräfte, die Seniorexperten also, in der „beruflich-fachlichen Ausbildung, Fortbildung und Qualifizierung von Fach- und Führungskräften im In- und Ausland" einzusetzen. Bislang verfügt der SES über einen Pool von rund 4.000 Experten, die sich in 48 Fachbereichen engagieren. Mehrheitlich kommen diese Fachleute aus technischen und kaufmännischen Berufen, aber auch aus dem Ausbildungssektor und anderen Bereichen. Die Gesellschaft führt ein Expertenregister, in dem die jeweiligen Seniorexperten, „aus dem aktiven Berufsleben ausgeschiedene Damen und Herren" (Info-Jargon) mit ihren jeweiligen Fach- und Spezialkenntnissen registriert sind. Diese Experten stellen ihre Dienste unentgeltlich zur Verfügung, bei den Einsätzen im In- und Ausland haben sie lediglich ein Taschengeld und die Übernahme der Reise- und Unterbringungskosten zu erwarten. Finanzielle Unabhängigkeit ist deshalb erforderlich. Darüber hinaus sind natürlich die berufliche Erfahrung, die Gesundheit, Sprachkenntnisse oder Auslandserfahrung wesentliche Kriterien. „Maßgebend" ist nach den Wünschen des SES auch „die Fähigkeit zur Anpassung an die am Einsatzort gegebenen Bedingungen". Seniorexperten sollen in der Regel nicht älter als 70 Jahre sein. Länger als sechs Monate dauert kein Einsatz, dafür sind Folgeeinsätze möglich.

Eine Herausforderung: mehrmonatige Einsätze im In- und Ausland

Aber auch an die Auftraggeber werden Anforderungen gestellt. Sie können die Hilfe der Seniorexperten dann in Anspruch nehmen, wenn deren Einsatz zur „Hebung des Ausbildungsstandes des örtlichen Personals, Verbesserung der Produktivität oder Schaffung und Sicherung von Arbeitsplätzen" dient. Vorausgesetzt wird eine präzise Beschreibung des Problems und des angestrebten Einsatzziels. Bei den Auftraggebern dürfen sich vor allem kleine und mittlere Unternehmen, Ausbildungseinrichtungen, Kommunen, öffentliche Verwaltungseinrichtungen und andere Institutionen einreihen. In der Regel trägt der Auftraggeber alle Kosten, unter bestimmten Umständen ist aber auch eine öffentliche Förderung möglich. Das ist die Papierform. Tatsächlich werden über 80 Prozent der Einsätze aus öffentlichen Töpfen des Bundes der *Europäischen Union* und der *Deutschen Gesellschaft für Technische Zusammenarbeit* gefördert. Hilfe für den SES gibt es darüber hinaus aus einem Förderverein und aus der deutschen Wirtschaft.

> **TIP**
>
> *Eine interessante Möglichkeit für Senior-Fachkräfte, die ihr Wissen weiterhin einbringen möchten: Der SES (Adresse im Anhang) vermittelt zeitlich begrenzte Einsätze im In- und Ausland.*

Experten haben ihre Dienste in der Mongolei, in Chile, Syrien, Tunesien, Litauen, aber auch in Brandenburg und an zahllosen anderen Orten zur Verfügung gestellt. Mal geht es um Verbesserungen im Brandschutz, mal um Abwasserreinigung, dann wieder um Fragen des Marketings in einer mittelständischen Druckerei oder um die Fortbildung von Lehrkräften in einer Fachschule für Bäcker. Die Betätigungsfelder für Senioren sind also ausgesprochen vielfältig.

Zugegebenermaßen ist das Engagement beim SES eine besonders anspruchsvolle Möglichkeit, den Ruhestand zu gestalten. Eine Chance dürfte es immerhin für all jene sein, denen der Beruf mehr war als nur Broterwerb. Allerdings - und darauf weist der SES in wünschenswerter Offenheit auch hin - ist die Registrierung als Experte noch keine Garantie dafür, überhaupt oder auch nur rasch eingesetzt zu werden. Die Einsätze sind eben von den Wünschen der Auftraggeber abhängig. Es gilt also abzuwägen, ob man oder frau sich eine Option für eine interessante Tätigkeit offenhalten will oder ob die Angst, enttäuscht zu werden, überwiegt. Wie auch immer; wenn Sie den Ratgeber bis hierhin gelesen haben, dürfte es Ihnen nicht schwerfallen, eine Entscheidung zu treffen, die Ihren Bedürfnissen entspricht.

Geistig fit bleiben: Kenntnisse und Fähigkeiten erweitern

Wir möchten erneut über ein paar Vorurteile reden (pardon, schreiben). Vorurteilen wie jenem von der Vergeßlichkeit, die so oft erzählt worden sind, daß sie von den sogenannten älteren Menschen schon selbst geglaubt werden. Und Vergeßlichkeit, das hat zumindest gedanklich auch etwas mit Intelligenz zu tun, ein Begriff, der längst noch nicht abschließend erklärt ist, der sich aber hervorragend für Beleidigungen eignet, etwa nach dem Motto „Wenn Sie in ein Zimmer mit zehn Nobelpreisträgern kommen, sinkt der durchschnittliche Intelligenzquotient unter 80". Ganz schön gemein, nicht? Aber jetzt mal ernsthaft und noch mal von Anfang an:

Einstein und die Bauchtänzerin

Wir möchten über das Thema Intelligenz im Alter reden. Treten Sie beiseite, wir holen etwas weiter aus.

Vielleicht lesen Sie ja auch ganz gern die „bunten Seiten" in Ihrer Zeitung. Da stand Anfang/Mitte der 70er Jahre mal eine kleine Meldung über eine amerikanische Bauchtänzerin, deren IQ bei 167 Punkten lag und damit höher als beim Wuschelkopf-Genie *Albert Einstein*. Vom Erfinder der Relativitätstheorie sind mannigfach Belege seiner Intelligenz in Umlauf, bei der Bauchtänzerin relativ wenige. Das läßt Rückschlüsse zu, daß die menschliche Eigenschaft Intelligenz, angeblich in einem Intelligenzquotienten vergleichend zu messen, relativ schwer zu fassen ist.

Wie mißt man „Intelligenz"?

Leopold Rosenmeyer hat sich in dem Buch „Arbeit - Freizeit - Lebenszeit" (Westdeutscher Verlag, Opladen 1988) ziemlich trocken so geäußert:

„In der Intelligenzforschung hat sich eine Erkenntnis als allgemeingültig durchgesetzt, die das frühere Modell, das dem Altern einen generellen

Intelligenzabbau zuschrieb, ersetzte. Diese Erkenntnis umfaßt zwei Einsichten:
1. daß Intelligenz als ein ganzes Bündel von Leistungs- und Dispositionskomponenten aufzufassen ist und
2. daß sich die einzelnen Elemente dieses Bündels über die Zeit hinweg in verschiedener Weise verändern."

Weniger wissenschaftlich ausgedrückt, soll das heißen: Das, was wir landläufig als Intelligenz bezeichnen, ist eine höchst vielfältige Eigenschaft des Menschen. Sie setzt sich aus unterschiedlichen Fähigkeiten zusammen, die es uns erlauben, unsere Umwelt bewertend wahrzunehmen, Neues zu verstehen, zu bewältigen und Probleme zu lösen. Darin eingeschlossen sind unsere Fähigkeiten zu lernen, Neues mit bereits Gelerntem zu vergleichen und daraus neue Einsichten zu gewinnen. Natürlich sind diese Fähigkeiten bei jedem einzelnen Menschen unterschiedlich intensiv ausgeprägt. Ein stark vereinfachtes Beispiel, das schon zum Klischee geworden ist: Der geniale Wissenschaftler, der die unglaublichsten mathematischen Zusammenhänge versteht, versagt beim Lösen einer Busfahrkarte. Halten wir uns an einen Vergleich, wie ihn *Erich Kästner* mal angestellt hat. Der hat unser Oberstübchen mit einem Schrank verglichen, der mal größer, mal kleiner sein kann und dessen unterschiedlich viele Schubladen auch noch mehr oder weniger gefüllt sind. Da ist also quasi vom Nachttisch-Schränkchen bis zur Schrankwand alles möglich.

All diese Fähigkeiten und Eigenschaften sind Veränderungen unterworfen, und auch die verlaufen nicht gleichmäßig. Wenn es um die Veränderungen der Intelligenz im Verlauf eines Lebens geht, wird in der Psychologie zwischen sogenannter kristallisierter und flüssiger Intelligenz unterschieden. Die kristallisierte Intelligenz steht für relativ altersstabile Fähigkeiten wie Sprachbeherrschung, Ausdrucksfähigkeit, Problemlösen, sogenanntes Kulturwissen, einfach alles, was wir im Lauf der Jahre so in unserem Gedächtnis an Wissen angesammelt haben. Fluide Intelligenz, die Fähigkeit, sich auf Neues und vor allem Ungewohntes einzustellen, schnell zu reagieren und originelle Problemlösungen zu erfinden, läßt mit den Jahren - das beginnt schon jenseits der Vierzig - etwas nach. Wie sehr sie abnimmt, ist allerdings von Mensch zu Mensch sehr unterschiedlich.

Die Intelligenz ist Veränderungen unterworfen

Lernen und Denken

Versuchen wir, den Ausflug ins Reich der Intelligenzbestien und anderer Kuscheltiere mit ein paar praktischen Nachgedanken zu beschließen, die für das Lernen in späteren Jahren wichtig sind:

Alter und Lernfähigkeit

- ▶ Die menschliche Lernfähigkeit verändert sich durch Übung oder durch Nichtgebrauch.
- ▶ Das Älterwerden hat bestimmte Einflüsse auf die Denkleistungen, die sich, bei aller Vorsicht, besonders dort auswirken, wo zum einen schnelle Reaktionen auf neue Umstände oder Probleme erforderlich sind, zum anderen aber der Erfahrungsschatz an Problemlösestrategien nicht weiterhilft.
- ▶ Fest steht auch, daß bei älteren Menschen das Lernen etwas länger dauert, vor allem dann, wenn Unsinniges gelernt werden soll. Vielleicht spielt hier aber auch eine Rolle, daß Lebenserfahrene sich weigern, sinnlose Dinge zu lernen (wie sie bei Lernexperimenten so gern verwendet werden).
- ▶ Damit in Zusammenhang steht, daß das Kurzzeitgedächtnis etwas nachläßt, es schwerer fällt, gerade aufgenommenen Lernstoff in das Langzeitgedächtnis zu überführen und damit dauerhaft zu speichern.
- ▶ Mit zunehmendem Alter werden wir anfälliger für Ablenkungen und Störungen.
- ▶ Und wir sind abhängiger vom direkten „Erfolgserlebnis".
- ▶ Am leichtesten lernen wir im Alter das, was an schon Bekanntes anknüpft.

(Sinnvolles, störungsfreies, mit Erfolgserlebnissen verknüpftes Lernen ist im übrigen in jedem Alter wünschenswert.)

Noch einmal sei gesagt: Diese Ergebnisse sind mit einer gewissen Vorsicht zu genießen und drücken nur aus, daß eine gewisse größere Wahrscheinlichkeit für eine bestimmte Entwicklung besteht. Ein Mathematiker wird aufgrund seiner über Jahrzehnte erworbenen und im Langzeitgedächtnis fest verankerten Kenntnisse sowie der ständigen Übung seine Fertigkeiten auch im Alter nicht verlieren, obwohl mathematische Fähigkeiten eigentlich eher in den Bereich der sogenannten flüssigen Intelligenz fallen, die von einem Abbau am stärksten betroffen ist.

Übung hält das Gehirn fit

Hier gilt das schon so oft in diesem Buch Gesagte: Übung macht den Meister. Was ein Leben lang mit Spaß und Können betrieben worden ist, wird auch im Alter ohne größere „Verluste" fortgeführt werden können, wenn nicht ernsthafte Krankheiten oder gar ein Unfall dazwischenkommen.

Etwas Farbe für die grauen Zellen

Es gibt da einen etwas hanebüchenen Film mit dem englischen James-Bond-Darsteller *Roger Moore*, in dem er einen typischen britischen Exzentriker darstellt, der sich morgens um neun Uhr seinen ersten Pure-Single-Malt-Whiskey hinter die Binde kippt und trotzdem zu den ausgesprochenen Schnellmerkern gehört. Die etwas schnippische Bemerkung seines Gegenübers, er gehöre wohl auch zu jenen, die das Kreuzworträtsel in der „Times" innerhalb von zehn Minuten lösen, beantwortet er kurz angebunden mit „So lange habe ich noch nie gebraucht!" Cheerio!

Nun ist die „Times" längst nicht mehr die honorige Zeitung, auf die schon *Sherlock Holmes* einst schwor, und Englisch muß man auch nicht können, um sich mit kurzweiligen und kniffligen Kopfnüssen Hirnschmalz „anzufuttern". Schließlich wimmeln unsere Tages- und Wochenzeitungen, die bunten Blättchen, die Fleischer-, die Bäcker- und die Fernsehzeitungen nur so vor „Knifeleien", „Um die Ecke gedacht", „Logeleien" und was der Kopfzerbrecher-Rubriken mehr sind. Ganz zu schweigen von den Kreuzworträtseln, denn selbst das simpelste Kreuzworträtsel ist bestes Hirnfutter. Und das brauchen die grauen Zellen auch, wenn sie durch „Gehirn-Jogging" fit und bei Laune gehalten werden sollen.

Nach bester deutscher Manier gibt es in der Bundesrepublik sogar einen *Bundesverband für Gedächtnistraining* mit Sitz in Bad Urach, der sich der „Methode nach Dr. med. Franziska Stengel" verschrieben hat. Abgesehen davon, daß der Verband allerlei Broschüren, Bücher, Spielmaterial und ähnliches (kostenpflichtig) vertreibt, bietet er sowohl Kurse für „Mitspieler" als auch für „Spielleiter(innen)" an. In der Bundesrepublik existieren mehrere Regionalgruppen dieses Verbandes.

Ohne durch allzu starke Vereinfachung den Methoden und Grundlagen Unrecht tun zu wollen, basiert das Gedächtnistraining

> **TIP**
>
> „Gehirn-Jogging" in Form von Gedächtnisübungen, Knobeleien, anregender Lektüre etc. bringt die grauen Zellen auf Trab und hält sie fit.

auf der vergleichsweise simplen Einsicht, daß das, was ständig trainiert wird, länger und besser funktioniert. Das Programm geht auf die Arbeiten der Wiener Neurologin und Psychiaterin *Dr. Franziska Stengel* zurück, deren Ziel es ist, „wichtige Gedächtnisfunktionen wie Aufmerksamkeit, fluide Intelligenz, Merkfähigkeit und darüber hinaus die soziale Kompetenz und die subjektive Lebenszufriedenheit" zu steigern und zu stabilisieren. Die Methode wird dann recht plausibel, wenn man sich vor Augen hält, daß im fortgeschrittenen Lebensalter das Kurzzeitgedächtnis nachläßt, das Langzeitgedächtnis aber verblüffend intakt bleibt. Jeder kennt die etwas karikierende Anekdote über jene Greisin, die vergißt, was sie heute gefrühstückt hat, sich aber sehr wohl daran erinnern kann, welche Farbe ihr Tanzstundenkleid hatte.

Die methodischen Schritte des Gedächtnistrainings sollen kurz vorgestellt werden:

Gedächtnistraining

▶ Freie Wiedergabe aus dem Langzeitspeicher
▶ Wiedererkennen
▶ Ordnen und Strukturieren im Langzeitspeicher
▶ Verbesserung der „Eingabe" in den Langzeitspeicher
▶ Konzentration und Aufmerksamkeit
▶ Kreativität und Phantasie

Manche dieser Punkte klingen verdächtig nach Computer, lassen sich aber leicht entschlüsseln: Gerade weil das Kurzzeitgedächtnis in späten Lebensjahren nachläßt, das Langzeitgedächtnis aber relativ stabil bleibt, ist es sinnvoll, die Übernahme von Informationen in das stabile Langzeitgedächtnis zu trainieren. Daß das funktioniert, beruht auf biologischen Eigenarten unseres Gehirns, das Informationen auf recht verschiedene Arten speichert.

Um das Gedächtnis zu trainieren, werden Wissensfragen eingesetzt, aber auch verschiedene Spiele, etwa nach dem Muster „Was ist der übergeordnete Begriff zu Regen und Schnee?" (Niederschläge) oder „Welche Worte ergeben sich aus dem Wortgerüst R und F?" (Ruf, Reif). Auch Formulierungsübungen werden eingesetzt. Und: Die Spiele lassen sich weiter variieren.

Gelehrig gegen die Leere

„Man lernt nie aus" sagte der Schalterbeamte, als er feststellen mußte, daß der Weihnachtsmann kein Weihnachtsmann, sondern ein Bankräuber war. Kein sehr angenehmer Lehrstoff in diesem Falle. Da halten wir es lieber mit *Erich Kästner*, der in einem seiner Bücher von einem längst emeritierten Professor erzählt, der von der Universität nicht lassen kann und tagtäglich in den Vorlesungen zwischen jungen Studentinnen und Studenten sitzt. *Kästner* läßt ihn ungefähr folgendes sagen: „Wissen Sie, ich habe mein ganzes Leben gelehrt. Jetzt habe ich endlich Zeit, selbst zu lernen."

Nun, da Sie gerade dabei sind, es sich im Ruhestand gemütlich zu machen, könnte doch so ein bißchen Abwechslung nicht schaden. Daß Ihre Fähigkeiten zu lernen bislang noch nicht allzu sehr gelitten haben, setzen wir nach dem weiter oben Gesagten voraus. Doch bevor wir unsere Brille putzen und uns durch sie all die verschiedenen Bildungsangebote anschauen, noch eine Bemerkung zum Thema von *Sylvia Kade*, die wir in diesem Buch bereits mehrfach zitiert haben.

Die Expertin hat nämlich einen ganz wesentlichen Satz formuliert, den sich sowohl Bildungsträger als auch Bildungshungrige als Sinnspruch ins gedankliche Oberstübchen hängen sollten: „Altersbildung hat ihren Kern im Lernen des Älterwerdens." Diesen Umstand heben wir deshalb so hervor, weil wir eine klare Unterscheidung zwischen jenen Bildungsangeboten für Senioren treffen wollen, die sozusagen konventionelles Wissen und Können vermitteln, und jenen, die den Anforderungen des genannten Zitates entsprechen.

Ob Altersbildung im Sinne des Zitats oder Französischkurs: Bevor Sie sich ins Abenteuer Bildung stürzen, hier noch ein paar Tips:
- ▶ Nehmen Sie sich nicht zu viel vor.
- ▶ Lassen Sie sich Zeit beim Lernen.
- ▶ Besuchen Sie nicht ausgerechnet jene Seminare, die bereits am frühen Morgen angeboten werden. Viele sogenannte Seniorenkurse starten gegen zehn oder elf Uhr, und Sie könnten sich dadurch so unter Druck gesetzt fühlen, daß Vergnügen zur Belastung wird. (Falls Sie allerdings Frühaufsteher sind oder

Tips für die Weiterbildung

sowieso schlecht schlafen, ist diese Uhrzeit vielleicht genau die richtige für Sie.) Versuchen Sie im Zweifelsfall, gemeinsam mit den anderen Seminarteilnehmern auf einen anderen Termin zu drängen.

▶ Wählen Sie Kurse und Seminare auch unter dem Gesichtspunkt „kleine Gruppe, ruhiger Raum" aus, damit Sie die Chance haben, sich entsprechend zu konzentrieren.

▶ Orientieren Sie sich nicht ausschließlich an den Angeboten, die unter der Rubrik „Seniorenprogramm" laufen. Die „normalen" Kurse bieten nämlich die Chance, auch mit jüngeren Menschen zusammenzukommen.

▶ Haben Sie keine Angst davor, möglicherweise mit dem Tempo nicht mithalten zu können. In der Regel werden Ihnen Wissen und Erfahrung helfen.

Die Volkshochschulen

Dr. Arnold Busch, der Leiter des Fachreferates für Seniorenbildung im Verband der Volkshochschulen Rheinland-Pfalz, hat im Gespräch mit uns beispielhaft skizziert, welche Angebote und Organisationsformen bereits in der Praxis angewandt werden. Der Fachmann unterscheidet klar zwei Formen der (Senioren-) VHS. Zum einen die klassischen Volkshochschulen, die spezielle Angebote für Senioren lediglich als Sparte in das übliche Programm integriert haben, zum anderen Volkshochschulen, die ihr Angebot „Von Alten für Alte" in eigener Regie organisieren. Als Strategie aller Volkshochschulen setzte sich in den letzten Jahren immer stärker durch, ältere Menschen zu aktivieren, die Fähigkeiten zur Selbstorganisation und Eigenverantwortlichkeit zu stärken, und die inhaltlichen Angebote an den tatsächlichen Bedarf anzupassen. VHS in diesem Sinne stellt lediglich die Rahmenbedingungen her.

Busch, der selbst eine Volkshochschule in einem Flächenkreis mit überwiegend ländlicher Struktur leitet, hat sich für seinen eigenen Bereich zum Ziel gesetzt, die „naturgegebenen" organisatorischen Probleme aufgrund weiter Entfernungen innerhalb des Kreises durch eine „mobile VHS" zu überwinden. Da und dort haben sich ältere Menschen bereits in „Clubs" organisiert, denen die VHS dann lediglich noch organisatorisch „unter die Arme greifen" muß oder durch die Bereitstellung von Material weiterhilft.

Bieten für jeden etwas: die Volkshochschulen

Unter den „klassischen" Angeboten der VHS, etwa Fremdsprachen, existieren gemischte Gruppen und reine Seniorengruppen nebeneinander. Klassisch sind auch Töpferkurse, alte Handarbeitstechniken und so fort. Spezielles Interesse findet die Gesundheitsbildung, die vom klassischen Arzt-Vortrag über Seniorengymnastik bis hin zu Ernährungsseminaren und Kochkursen reicht. Gut etabliert sind auch Tanzgruppen. Vorbereitungskurse auf den Ruhestand werden bislang in enger Kooperation mit ortsansässigen Betrieben angeboten. Auf breites Interesse stoßen auch Themen wie Erbrecht, Testament, aber auch seelsorgerische Kurse, die in Zusammenarbeit mit den Kirchen offeriert werden. Zur Sprache kommen dabei beispielsweise Partnerkonflikte und Familienangelegenheiten. Ein wesentliches Gebiet sind auch Gesprächskreise für pflegende Angehörige. Zudem gibt es Versuche, Lebenserinnerungen in literarische Formen zu packen.

Als Frau wird es Sie vielleicht interessieren, daß besonders viele Frauen an den Bildungsangeboten teilnehmen. Eine gute Gelegenheit, Gleichgesinnte zu finden und neue Kontakte zu knüpfen!

Akademische Ehren: die Universitäten

Was spricht eigentlich dagegen, sich Tag für Tag in der Mensa anzustellen, um ein halbes Hähnchen zu verzehren, das eher nach Kabeljau schmeckt, der zehn Tage in der Sonne gelegen hat, sich mit mehreren hundert jungen Leuten in einen großen Saal zu drängen, um von einer netten Dame erzählt zu bekommen, daß Hermeneutik die Wissenschaft vom Verstehen fremden geäußerten Sinns ist, um dann nach ein paar Jahren eine Dissertation anzufertigen und dabei von einem Doktorvater betreut zu werden, der Ihr Sohn sein könnte? Trotz der anklingenden Ironie: Gar nichts spricht dagegen, solange Sie durch Abitur oder Matura das nötige Zeugnis der allgemeinen Hochschulreife in Händen halten und einen Studienplatz ergattern können. Ruheständler, selbst solche im siebten und achten Lebensjahrzehnt, die ein Universitätsstudium absolvieren und vielleicht sogar mit höchsten akademischen Weihen abschließen, sind zwar keine Massenbewegung, aber immerhin so gang und gäbe, daß es nicht mal mehr der Heimatzeitung eine Notiz wert ist, wenn die 82jährige Clara Pfaffmann erfolgreich über „Lessing und die Folgen für den vorderpfälzischen

Lohnende Herausforderung: ein Studium

Weinanbau unter besonderer Berücksichtigung des Ausbaus von Schwarzriesling im Barrique-Faß" promoviert hat.

Ernsthaft: Die Aufnahme eines Studiums gehört sicherlich zu den anspruchsvollsten und vielleicht deshalb sogar erfüllendsten Möglichkeiten, sich im Ruhestand einzurichten. Ob Sie sich für das reguläre Programm einer normalen Uni interessieren oder eher für das auf ältere Menschen speziell zugeschnittene Angebot der mittlerweile zahlreichen „Senioren-Universitäten", versuchen Sie, sich über folgendes klarzuwerden:

Das sollten Sie vorab klären

▶ Werde ich auch längerfristig bereit sein, Zeit, Geld und Engagement zu investieren?
▶ Ist das Studium lediglich eine verschärfte Form der Freizeitgestaltung, oder
▶ suche ich die Herausforderung, regelrecht einen neuen Beruf zu erlernen, den ich auch ausüben möchte? (Der Fall des 70jährigen, der sich auf diese Weise als Anwalt niedergelassen hat und mit Achtzig immer noch seine Kanzlei betreibt, ist gar nicht so selten.)

Wenn Sie den einfachsten Weg beschritten haben, sich zunächst bei der nächstgelegenen Hochschule über das Angebot zu informieren, um sich dann tatsächlich einzuschreiben, könnte dieses Ihr Gewinn sein:
- Geistiges Engagement, das die Vitalität erhält
- Ständig neue Anregungen, durch die auch eingefahrene Ansichten und (Vor-)Urteile auf den Prüfstand kommen können
- Bildung in ihrer reinsten Form: nämlich um ihrer selbst willen und nicht notwendig auf ein wie auch immer geartetes materiell verwertbares „Ziel" gerichtet
- Umgang mit jungen Menschen, die Sie auf neue Ideen bringen
- Eine recht strenge Strukturierung der Zeit, die aber trotz allem flexibel genug ist, um auch für andere Aktivitäten noch Raum zu lassen. (Ein Seminar oder eine Vorlesung, das haben Generationen von Studenten bewiesen, läßt sich durchaus das eine oder andere Mal schwänzen ...)

> **TIP**
>
> *Gleichgültig, welches Bildungsangebot Sie wahrnehmen wollen: Orientieren Sie sich an den ausgesprochenen und unausgesprochenen Grundsätzen:*
> - *Was paßt mir?*
> - *Welche Bedürfnisse habe ich?*

Wenn Sie sich für ein längerfristiges Engagement, etwa ein komplettes Studium, entscheiden, gehen Sie mit dem festen Willen daran, es tatsächlich zu Ende zu führen. Scheuen Sie sich aber andererseits nicht, alles aufzugeben, wenn Ihnen etwas anderes lohnender, praktischer, angenehmer erscheint. Es geht nur um Sie selbst und darum, was *Sie* wollen.

Eine Alternative zum kompletten Studium könnte aber auch sein, sich aus dem Gesamtangebot einer Universität einzelne Veranstaltungen herauszusuchen, die Sie besonders interessieren. Als sogenannter Gasthörer ist das auch ohne Abitur beziehungsweise Matura möglich.

Eine gute Alternative: der Gasthörerstatus

Da muß Struktur rein!

Stehen zwei Männer an der Zapfsäule, sagt der eine: „Na, wie geht's?" – „Ooch, ich hab' halt wenig Zeit." Gibt der erste zurück: „Bist wohl Rentner, was?" Der zweite nickt und lacht.

Glauben Sie ja nicht, wir hätten uns diese Story ausgedacht. Die hat sich wirklich so zugetragen. Bestimmte Vorurteile bestätigen sich eben manchmal selbst, und man weiß nie, was zuerst da war: das Vorurteil oder die Fakten. Fakt ist, daß die Floskel „Keine Zeit!" unter dem Stichwort „Rentnergruß" ins Lexikon aufgenommen werden sollte.

Nun ist das so eine Sache mit dem Keine-Zeit-Haben. Schließlich ist die oben genannte Floskel ja durchaus ein probates Mittel, sich langweilige und geschwätzige Zeitgenossen vom Leibe zu halten oder eine Aura von Wichtigkeit zu verbreiten. Wer keine Zeit hat, wird gebraucht, ist leistungsfähig, steht mitten im Leben, ist gefragt. Das streichelt das Ego, tut keinem weh und läßt im übrigen völlig im unklaren, ob die hektische Betriebsamkeit der wohlfeilen Legendenbildung, allzu menschlicher Renommiersucht, haarsträubender Schlamperei oder überbordendem Aktivismus entspringt. Und die Erörterung dieses Umstandes hätte eigentlich überhaupt nichts in diesem Buch zu suchen, weil bereits Säuglinge mit einem Terminkalender aufwarten können, auf den ein Topmanager stolz sein könnte. Weil sich aber das Klischee vom Rentner ohne Zeit so hartnäckig hält, ist es ein paar Gedanken und dieses Kapitel wert.

Rentner ohne Zeit – ein Klischee?

Rhythmisierung der Zeit

Weiter vorne in diesem Buch haben wir bereits über Zeitstruktur und Alltagsrhythmus gesprochen. Da aber eher im Zusammenhang mit seinen Aus- und Wechselwirkungen auf und mit den Menschen, mit denen wir täglich umgehen. Wahrscheinlich haben Sie auch bereits den kleinen Test absolviert, der Ihnen helfen sollte, den eigenen „Zeit-Charakter" ein wenig klarer zu erkennen. Dieses Thema sollten wir nun noch einmal aufnehmen.

Halten wir zunächst fest:
▶ Auch beim Umgang mit Zeit gilt, allerdings in abgeschwächter Form: „Was Hänschen nicht lernt, lernt Hans nimmermehr." Soll heißen: Eine komplette Abkehr von den bisherigen Routinen ist kaum möglich, sie lassen sich aber modifizieren, anpassen verändern, denn
▶ Sich-Zeit-Nehmen ist - anders, als es der Rentnergruß unterstellt - eines der wesentlichen Merkmale des Umgangs mit der Zeit im Ruhestand.
▶ Es gibt kein festes Schema, wie Rentner mit Zeit umgehen. Die individuellen Unterschiede sind größer als die Unterschiede zwischen den Generationen und Jahrgängen.
▶ Trotzdem liegen Erkenntnisse vor, die auf statistischen Daten fußen, daß bestimmte Verhaltensweisen mit großer Wahrscheinlichkeit eintreten werden.

Zu diesen Wahrscheinlichkeiten gehört, daß der Tagesablauf im Rentenalter stärker „rhythmisiert" wird - noch stärker, sollte man sagen -, als dies während des Berufslebens der Fall ist. Pessimisten würden sagen, der Tagesablauf wird eintöniger. Aber das stimmt nicht. *Sylvia Kade*, die wir schon öfter zitiert haben, hat zusammenfassend festgestellt: „Trotz der erkennbaren Gleichförmigkeit und Wiederholung des immer Gleichen im Tagesablauf Älterer, lösen sich zeitlich stark gebundene Routinetätigkeiten mit offen gestalteten Abläufen ab, die einen Wechsel von Gewohntem zu Ungewohntem, von Alltäglichem zur Abwechslung, von Pflichten zu Ungebundenheit erlauben. Ein Leben ohne Abwechslung, Unterbrechung des Gewohnten und ohne Höhepunkte macht auf Dauer krank und läßt vorzeitig altern (...)." (Kade, Altersbildung, Lebenssituation und Lernbedarf, S. 131) Anders gewendet: Das offensichtlich natürliche Bedürfnis, ein stärkeres Gleichmaß in den Tagesablauf hineinzubringen, kann auch in regelrechte Starre umschlagen, aus Angst vor Veränderungen. Und Ängsten läßt sich am besten durch Wissen vorbeugen.

Rhythmisierung des Tagesablaufs

Halten wir fest:
- Eine stärkere Rhythmisierung des Tagesablaufs wird sich „natürlich" einstellen.
- Je älter man wird, um so stärker wird die Tendenz, bestimmte Tätigkeiten zeitlich auszudehnen. Für den Abwasch etwa wird mehr Zeit aufgewandt als früher.
- Routine allein macht krank, Abwechslung von der Routine hilft, Vitalität zu erhalten.
- Es ist notwendig zu erkennen, welches die Routinen sind, die den Ablauf bestimmen, damit
- Zeit für die Abwechslung bleibt.

Versuchen Sie, mit Hilfe der Tabelle rechts herauszufinden, wo Regelmäßigkeiten bereits Raum gegriffen haben.

Regelmäßigkeiten sind notwendig, natürlich und hilfreich; sie dürfen aber nicht zu einer Zwangsjacke werden. Wenn Sie zum Beispiel gewohnt waren, zu Halbschicht gegen zehn nach zwölf Mittag zu essen, spricht nichts dagegen, daß Sie das auch im Ruhestand beibehalten. Allerdings sollten Sie offen genug bleiben, diese Gewohnheit auch einmal zu durchbrechen, wenn zum Beispiel ein guter Freund oder eine gute Freundin Sie zur Vesper ins Waldlokal einlädt.

Wie Sie mit Ihrer Zeit im Rentenalter umgehen werden, können Sie in etwa aus dem Test ablesen, den Sie auf den Seiten 60 bis 64 im gleichnamigen Kapitel durchgespielt haben. Verknüpfen Sie die Ergebnisse mit den Eintragungen in der Tabelle.

Darauf sollte Typ A achten

Wenn Sie ohnehin schon zu jenen Zeitgenossen gehören, denen Regelmäßigkeit und Pflichterfüllung zur zweiten Natur geworden ist (Typ A), gehen Sie ein bißchen in sich, falls die Tabelle zutage fördert, daß Sie im Grunde bereits völlig verplant sind und kaum noch Luft für spontane Entscheidungen bleibt. Dann nämlich könnte die Gefahr bestehen, daß Sie die Routine und Gleichförmigkeit buchstäblich auffrißt. Wir haben das oben dargestellt: Gibt es keine Abwechslung zum Gewohnten, dann kann man krank werden. Körperlich wie seelisch. Wenn Sie jetzt aber ohnehin schon dazu neigen, alles seinen überaus geregelten Gang gehen zu lassen, sollten Sie genau darauf achten, ob Sie die natürliche Ten-

	FESTE TERMINE		
	Vormittag	Nachmittag	Abend
Montag			
Dienstag			
Mittwoch			
Donnerstag			
Freitag			
Samstag			
Sonntag			

denz aller älter werdenden Menschen nicht auf den Weg in die Zeit-Sackgasse gebracht hat. Gestatten Sie sich ein bißchen Chaos und Unregelmäßigkeit. Die Empfehlung „Sei spontan!" ist zwar eine klassische Paradoxie (also ein Widerspruch in sich selbst), der Versuch, dieser Aufforderung zu entsprechen aber bereits der erste Schritt, nicht alles ganz so genau zu nehmen.

Verrichten Sie die Tätigkeiten auf Ihrem Tages- oder Wochenplan mit einer gewissen Disziplin, aber lassen Sie auch Raum für spontane Unternehmungen und für Muße.

Darauf sollte Typ B achten

Gehören Sie (wie der männliche Teil des Autorenpaares) zum Klübchen der Morgen-ist-auch-noch-ein-Tag-Planer (Typ B), könnte Ihnen die Tabelle oben Hinweise darauf geben, warum Ihnen die Zeit ein bißchen davonläuft. Klar, Struktur ist schon im Tag drin: aufstehen, Zeitung lesen, ein bißchen rumbummeln, einige Telefonate führen, kurz ein Wurstbrot gemacht, vielleicht einkaufen gehen und so fort. Die kleinen Notwendigkeiten des Alltags haben Sie bestimmt erkannt, aber sie werden gerade mal eben mit jener Disziplin verfolgt wie die guten Vorsätze zum neuen Jahr. Der Tagesablauf hat so etwas von Treibsand, zäh, träge und langsam versinkt man darin. Nutzen Sie die Tabelle als Stundenplan. Und halten Sie sich halbwegs diszipliniert daran. Der Lohn ist ein deutliches Plus an befriedigend verbrachter Zeit.

Darauf sollte Typ C achten

Und der Typ C, was machen wir jetzt mit dem? Der ist ja beinahe der Idealtyp des unabhängigen, gescheiten, diszipliniert-lässigen Zeitgenossen. Ein richtiges Musterstück im Rentnerparadies. Hätte der den Apfel vom Baum der Erkenntnis gepflückt, ihm wäre es bestimmt gelungen, in zähen Verhandlungen den Pachtvertrag für den Garten Eden zu verlängern. Was das Geunke soll? Nun, der Typ C ist so ideal, daß es relativ unwahrscheinlich ist, daß er pur und unverschnitten die Topographie bevölkert. Die Tabelle ist also eine gute Gelegenheit zu überprüfen, inwieweit das Ergebnis aus dem Test tatsächlich auf Sie zutrifft. Aller Erfahrung nach werden Sie feststellen, daß tendenziell Eigenschaften des Typs A oder B Ihrem Tagesablauf „Drall" geben wie das Effet beim Billard. Für Sie gelten dann abgeschwächt die Ratschläge in den jeweiligen Kategorien.

Man gönnt sich ja sonst nichts

Reden wir nicht drüber, ob der Werbeslogan ein Geniestreich oder ein weiterer Beitrag zum galoppierenden Stumpfsinn ist. Halten wir uns lieber an den anderen Spruch: „Es kommt drauf an, was man draus macht." Wie unschwer zu erkennen ist, geht es in diesem Abschnitt um kleine Tricks, es sich hemmungslos gutgehen zu lassen. Und das auf eigene Initiative, weil der Beruf des Wohltäters schon lange nicht mehr in den Registern der Industrie- und Handelskammern geführt wird.

Deshalb vorweg der Ratschlag:
- Nehmen Sie sich nicht zu viel vor!

Vermutlich haben Sie bei der Analyse Ihrer Tagesstruktur bereits einige Fixpunkte entdeckt, die Sie ganz schön einbinden. Versuchen Sie, sich die Liste noch einmal unter dem Gesichtspunkt lästige Pflicht, unumgängliche Pflicht, nervende Pflicht vorzunehmen. Bei genauem Hinsehen läßt sich da vielleicht manches entschlacken. Andersherum kann man das aber auch so formulieren:
- Haben Sie keine Angst vor einem vergleichsweise festen Tages- oder Wochenplan, aber
- nehmen Sie ihn nicht so ernst, daß kein Spielraum mehr für spontane Entscheidungen bleibt.

Aus dem eben Gesagten läßt sich also naheliegend ableiten:
- Jede Planung sollte Dinge und Vorhaben enthalten, auf die man sich so richtig freuen kann.

Wichtig: Dinge, auf die man sich freuen kann

Das könnte ein fester Termin sein:
- Stammtisch
- Malkursus
- Jazz-Combo-Probe
- Essen mit wechselnden Freunden (je nach Spaß am Kochen an einem festen Tag in der Woche, zu dem Sie sich Gäste nach Hause einladen)
- Jugendtraining im Fußballverein
- Boule-Spiel mit Freunden bei einem Gläschen herben Roten (... weil's auch draußen schmeckt)

Aber auch auf die kleinen und großen Glücksfälle des Alltags sollten Sie sich einstellen:
- Eine unverhoffte Einladung ins Konzert
- Ein Topspiel in der Fußball-Bundesliga, für das es nun doch noch Karten gibt
- Ein schöner Plausch im Straßencafé mit einem Freund, den man schon lange nicht mehr gesehen und beim Einkaufen getroffen hat
- Ein Besuch im Kino, wo es den alten Lieblingsfilm zu sehen gibt

Wie auch immer, diese Beispiele sollten Sie nur als Anregung verstehen.

Zusammen mit dem Partner planen!

Lassen Sie uns gleichwohl ein wenig Wasser in den Wein schütten: Die hemmungslose Spontaneität, das rückhaltlose Drauflosplanen sollte dort seine Grenzen finden, wo es sich möglicherweise negativ auf eine Partnerschaft auswirkt. Stellen Sie sich zum Beispiel vor, Ihre Partnerin muß nach wie vor jeden Tag morgens um sechs aufstehen, um zur Arbeit zu gehen. Ihnen macht es aber mittlerweile Spaß, endlich einmal das Nachtprogramm im Fernsehen zu verfolgen, und Sie sitzen bis in die Puppen vor der Röhre. Den fehlenden Schlaf holen Sie nach, wenn Ihre Partnerin arbeitet, kommt sie nach Hause, haben Sie gerade gefrühstückt oder lesen Zeitung. Das Nachteulen-Dasein mag ja seine Vorzüge haben, ein bißchen Gleichzeitigkeit kann einer Partnerschaft aber bestimmt nicht schaden. Deshalb unsere Tips:
- Treiben Sie den Eigensinn nicht zu weit.
- Nehmen Sie Rücksicht auf Ihre Partnerin oder Ihren Partner, wenn sie/er noch arbeiten muß, und
- stimmen Sie den Tages- und Wochenrhythmus aufeinander ab.

Harmonie gefällt nicht nur beim Chorgesang. Also gönnen Sie sich jetzt ein Päuschen und ein Gläschen Wein (wenn Sie das nicht ohnehin schon während der Lektüre getan haben), lehnen Sie sich zurück. Es geht gleich weiter im Text.

Teil III

Nützliches und Wissenswertes für den Alltag

Praktische Hinweise

Wenn Sie die vorangegangenen Kapitel noch einmal vor Ihrem geistigen Auge Revue passieren lassen, dann fällt Ihnen sicher auf, daß sie überwiegend von geistigen - oder besser: seelischen - Bedingungen gehandelt haben, die massiv auf unser tägliches Leben einwirken. Um so mehr, wenn eine nachhaltige Veränderung wie der Ruhestand ins Haus steht. Wir wollten Ihnen sowohl das theoretische als auch das praktische Rüstzeug mitgeben, damit Sie diese Umbruchsituation psychisch bewältigen können, ohne überwältigt zu werden; wir wollten Ihnen gleichzeitig Hinweise auf Gefahren und Chancen geben, die aus diesem Wandel erwachsen, und zeigen, wie Sie damit umgehen können.

Die folgenden Abschnitte sprechen nun einige ausgewählte Aspekte an, die Sie als praktische Hinweise verstehen sollten. Die Themen Gesundheit, Liebe, Sex und Zärtlichkeit, Reisen und Wohnen sind als Wegweiser gemeint, als praktische Handreichungen, die Ihnen, je nach Muße und Bedürfnis, genügen mögen, die Sie aber auch andernorts weiter vertiefen können.

Gesundheit - ein kostbares Gut

Essen und Trinken

Gutes Essen und Trinken hält Leib und Seele zusammen. Und die Autoren bedauern aus tiefsten Herzen (oder sollte man Mägen sagen?), daß es keinen Nobelpreis für überragende Leistungen in Küche und Weinkeller gibt. Leider weichen unsere höchstpersönlichen Vorstellungen davon, was gutes und damit gesundes Essen ist, erheblich von dem ab, was Ernährungsberater und solche, die sich dafür ausgeben, als zuträglich für Menschen jeglicher Generation halten.

Kennen Sie den schon? Kommt ein Mann zum Arzt und sagt: Ich will hundert Jahre alt werden, ich rauche nicht, ich trinke nicht, ich halte Maß beim Essen und habe keine Liebschaften. Sagt

Gesund essen mit Genuß

104 NÜTZLICHES UND WISSENSWERTES FÜR DEN ALLTAG

der Arzt: Und warum wollen Sie dann hundert Jahre alt werden? Diese Antwort könnte Fritz, unser Freund und Hausarzt, gegeben haben. Mit ihm sind wir nämlich der Ansicht, daß Genuß als einer der wesentlichsten Beiträge zu einem befriedigenden und langen Leben zu werten ist. Und Genuß beim Essen und Trinken beginnt bei guten Ausgangsprodukten, daraus komponierten üppigen Menüs und generösen Mengen von Wein, Bier, Quetsch und Calvados, den Petit Noir zum Schluß nicht zu vergessen. Auch ein schönes Zigarillo kann die Behaglichkeit nach einem ausgedehnten Essen erheblich steigern. Aber, wie gesagt, das sind unsere ganz persönlichen Vorstellungen.

Fairerweise müssen wir nämlich anmerken, daß es entgegen dieser Auffassung ernst zu nehmende Stimmen gibt, die eine ganz andere Lebensführung – nicht unbedingt erst für Menschen im fortgeschrittenen Alter – für ratsam halten. Weil diese Erkenntnisse erheblich besser wissenschaftlich abgesichert sind als unser ganz persönliches Genußexperiment, wollen wir Sie auf die Ratschläge verweisen, wie sie unter anderem von den *Allgemeinen Ortskrankenkassen (AOK)* in Deutschland gegeben werden. Alle acht Punkte strikt zu befolgen ist sicherlich nur etwas für sehr disziplinierte Naturen, aber die Ratschläge zumindest in Grundzügen in die Tat umzusetzen, dürfte auch den Genießern gelingen:

Ernährungstips
- ▶ Abwechslung in der Wahl der Lebensmittel
- ▶ Kleinere Mahlzeiten, dafür öfter
- ▶ Täglich Frischkost, Vollkorn und Milchprodukte
- ▶ Genügend trinken
- ▶ Zurückhaltung beim Alkohol
- ▶ Selten Süßigkeiten
- ▶ Mit Salz sparsam umgehen
- ▶ Speisen richtig zubereiten

Die Krankenkasse, die sich in ihrer Eigenwerbung „Gesundheitskasse" nennt, empfiehlt frisches Obst und Gemüse, Kartoffeln, Hülsenfrüchte, Vollkornprodukte, ungezuckertes Müsli, magere Milchprodukte, mageres Fleisch und frischen Seefisch. Weiterhin sollen genügend Ballaststoffe für eine gute Verdauung zum täglichen Speiseplan dazugehören. Allerdings kann es sein, daß das gesunde Essen anfangs höchst unerwünschte Blähungen hervorruft. Also immer schön langsam mit der Umstellung.

Etwas Beachtung sollten Sie auch der Zubereitungsmethode schenken. Soll heißen, Gemüse nicht allzulang zu wässern, sondern es möglichst rasch zu verarbeiten. Frische Salate sollten gleich zu Anfang „angemacht" werden, Essig und Zitronensaft nämlich verhindern den Vitamin-C-Abbau. Darüber hinaus sollten Gemüse in wenig Wasser gegart werden, was dem Geschmack, den Nährstoffen und dem Geldbeutel (Energieersparnis!) zugute kommt. Außerdem sollten Sie möglichst viel trinken, mindestens eineinhalb Liter pro Tag. Schweren Herzens geben wir wieder, daß der Flüssigkeitsbedarf hauptsächlich mit Mineralwasser, ungesüßten Kräuter- und Früchtetees und verdünnten Frucht- und Gemüsesäften gedeckt werden sollte.

Zubereitungsmethoden

Getränke

Bewegende Momente: Sport

90 Jahre, einen Monat und 24 Tage ist *Sir Winston Leonard Spencer Churchill* alt geworden. Ganz schön beachtlich für einen übergewichtigen, üblicherweise Zigarre rauchenden Mann, der unter anderem durch den Ausspruch „No sports!" bekannt geworden ist.

Wer der Bewegung aus dem Weg gehen möchte, hat natürlich noch manch anderes Argument parat (etwa, daß der Erfinder des Joggings, der das Laufen auf amerikanisch als Vorbeugung gegen Herzinfarkt empfohlen hat, an eben jenem Herzversagen während des Joggens verstorben ist). Ganz stichhaltig sind solche Behauptungen trotzdem nicht. Nachweislich fördert maßvolle und dem eigenen Leistungsvermögen angepaßte sportliche Bewegung das Wohlbefinden. Ärzte warten sogar mit medizinischen Argumenten auf:
▶ Die Funktionen von Herz, Kreislauf und Atmung werden durch Training erhöht.
▶ Muskeln, Bänder und Gelenke werden in ihrer Gebrauchstüchtigkeit verbessert.

Das gilt, wie vieles, natürlich für jedes Lebensalter. Sprüchlein wie, „Wer rastet, der rostet" oder „Sich regen bringt Segen" haben aber besonders im fortgeschrittenen Lebensalter ihre Berechtigung. Da werden nämlich die Folgen von Bewegungsmangel, etwa Gelenkerkrankungen oder Erkrankungen der Herzkranzgefäße, deutlicher sichtbar. Bewegung wirkt hier vorbeugend, bisweilen sogar regenerierend.

> **T I P**
> *Auch als Nicht(mehr)-sportler können Sie im Alter (wieder) aktiv werden. Doch vorher bitte zum Gesundheits-Check beim Arzt!*

Sport im Alter? Meist kein Problem!

Der *Deutsche Sportbund (DSB)* ist deshalb zu der Ansicht gelangt: „Sport kennt kein Alter." Lernen ebenso nicht. Deshalb sei sportliche Betätigung in jedem Alter möglich. Vorausgesetzt, daß „die Sportangebote alters- und bedürfnisgerecht sowie leistungsorientiert ausgebaut" sind. In einer Eigenwerbung unterscheidet der DSB mehrere Gruppen:

- ▶ Menschen, die ihr ganzes Leben lang begleitend sportlich aktiv waren;
- ▶ Solche, die nach längerer Unterbrechung wieder mit dem Sport beginnen möchten;
- ▶ Sogenannte Späteinsteiger, die vorher nie Sport getrieben haben und
- ▶ Umsteiger, die aktiv Sport betreiben, nun aber andere Sportarten kennenlernen möchten.

Der DSB empfiehlt folgende Sportarten für ältere Menschen - allerdings unter der Voraussetzung, daß sie angemessen und für das jeweilige Leistungsniveau modifiziert worden sind: Tischtennis, Golf, Rudern, Kanu, Segeln, Tanz, Skilanglauf, Schwimmen/Wassergymnastik, Kegeln, Judo, Schießsport, Schach, Turnen, Gymnastik, Rückenschule, Wandern, Walking, Laufen, Radsport, Petanque, Yoga und Tai-Chi.

Bevor Sie Ihre Turnübungen aber wieder aufnehmen oder sich erstmals für einen sportlicheren Lebenswandel entscheiden, sollten Sie Ihren Arzt aufsuchen. Der kann durch einen ausgiebigen Gesundheits-Check feststellen, welche Sportarten für Sie geeignet sind und welche Sie besser meiden sollten. Der DSB empfiehlt sogar, einen spezialisierten Sportarzt aufzusuchen, der über die nötigen Kenntnisse verfügt, um allgemeine körperliche, aber auch orthopädische Gesichtspunkte zu berücksichtigen. Zum Untersuchungsprogramm sollte auch ein Belastungs-EKG gehören.

Zu Recht (und nicht nur aus wohlerwogenen Verbandsinteressen) hat der DSB festgestellt, daß es so manchem schwerfallen dürfte, auf eigene Faust und als einsamer Jogger im Stadtpark lang brachliegende sportliche Talente wieder zu aktivieren. Deshalb verweisen wir - ausnahmsweise ohne jede Ironie - auf den Werbeslogan: „Sport ist im Verein am schönsten." Der Mensch ist nun mal ein ausgesprochen geselliges Wesen, und eine Sache gemeinsam zu betreiben ist für die meisten schöner, als sich allein durchzukämpfen. Daneben gibt es höchst praktische Argumente, die dafür sprechen:

- ▶ Sportvereine bieten eine Vielzahl von Angeboten, zwischen denen man wählen kann.
- ▶ Vereine verfügen über ausgebildete Übungsleiter, die Ihnen nicht nur bei der Wahl der Sportart beratend zur Seite stehen können, sondern
- ▶ Sie auch davor bewahren, sich zu überfordern.

Das spricht für einen Verein

Sie müssen nicht gleich Vereinsmitglied werden. Viele Vereine bieten sogenannte Schnupperkurse an. Wer sich über die örtlichen Angebote vorsorglich und unverbindlich informieren möchte, wendet sich am besten an das Sport- und Bäderamt seiner Gemeinde oder zentral an die Kommunalverwaltung. Dort wird Ihnen mit Sicherheit konkret weitergeholfen.

Liebe, Sex und Zärtlichkeit

Wir haben uns lange überlegt, ob Sex überhaupt ein Thema für einen Ruhestandsratgeber ist, weil weder nach Plausibilität noch nach Lebenserfahrung einsichtig ist, welchen Einfluß Ruhestand auf die Sexualität haben sollte, außer denjenigen vielleicht, daß wir dann wohl etwas mehr Zeit dafür haben und - wenn nicht schon geschehen - Gelegenheit, einmal darüber nachzudenken, ob Sex immer erst nach Sonnenuntergang und im Schlafzimmer zelebriert werden sollte.

Im Klartext: Wer sein ganzes Leben über ein erfülltes und befriedigendes Sexualleben genossen hat, wird den Teufel tun und auch nur daran denken, etwas zu ändern. Vielleicht nimmt im fortgeschrittenen Alter die Frequenz ein wenig ab. Kann sein. Muß aber nicht. Wer schon immer Lust an der Lust hatte, sollte über ein ausreichendes Repertoire an lustbringenden Spielen verfügen, um sich auch mit gelegentlichen physischen Einschränkungen zu arrangieren. Gut, vielleicht sind nicht mehr alle zehntausend Stel-

Mitnichten tabu: die Lust an der Lust

Ein wenig Statistik

lungen des Kamasutra möglich, das dürfte aber nur ausgesprochene Turner belasten. Erlaubt ist, was gefällt und guttut.

In zahlreichen Untersuchungen wurde immer wieder festgestellt: Solange ein Partner vorhanden ist, sind sowohl Männer als auch Frauen überwiegend bis ins hohe Alter in der einen oder anderen Form sexuell aktiv. Lediglich für alleinstehende Frauen ist es da – mangels Masse – etwas schwerer. Alleinstehende Männer haben dagegen die große Auswahl an möglichen (Sexual-)Partnerinnen beziehungsweise scheinen auch allein im stillen Kämmerlein aktiver zu sein. Lassen Sie sich durch diese Untersuchungsergebnisse aber bloß nicht unter Leistungsdruck setzen! Es gibt ebenso zahlreiche Paare, die eine befriedigende und zärtliche Partnerschaft führen, obwohl sie irgendwann beschlossen haben, auf sexuelle Geschicklichkeitsübungen zu verzichten.

Auf keinen Fall sollten Sie sich einreden lassen, daß sich Sex bei älteren Menschen nicht „gehört". Solche Vorstellungen spu-

ken in manchen Köpfen herum – und dort sollten sie lieber auch bleiben. Sie brauchen Ihre Zuneigung nicht zu verstecken. Ein älteres Paar, das durch Händchenhalten, eine Umarmung oder einen Kuß in der Öffentlichkeit zeigt, daß es sich mag, beweist allen Jüngeren, daß die besten Jahre mit der Rente noch nicht vorbei sind.

Wenn uns das Fernweh packt: Reisen

Jetzt müssen wir ein bißchen über Wunsch und Wirklichkeit reden. In diesem Kapitel finden Sie auf Seite 110 eine kleine Grafik, die aufschlüsselt, was Berufstätige als Rentner tun wollen und wie die Realität dann tatsächlich aussieht. Die Ergebnisse sind ganz aufschlußreich. Weil es jetzt aber speziell ums Reisen geht, sei nur auf das eine Zahlenpaar hingewiesen: 77 Prozent der befragten Berufstätigen sind felsenfest davon überzeugt, im Rentenalter mehr zu reisen. Tatsächlich geben sich dann aber, wenn der Ruhestand da ist, nur 46 Prozent ihrer Reiselust hin. Soviel zum Thema Wunsch und Wirklichkeit.

In Tat und Wahrheit sind aber auch 46 Prozent noch ein recht erklecklicher Anteil, weswegen sich die Tourismusindustrie bemüßigt gefühlt hat, die unterschiedlichsten Angebote für Senioren auf die Beine zu stellen. Wir maßen uns nicht an, darüber zu befinden, wo die Trennlinie zwischen geschicktem Marketing und tatsächlichem Seniorenprogramm verläuft. Besonders da, wo es um Angebote geht nach dem Motto: „Ein Arzt fährt mit." Soll sein. Wer sich dabei sicherer fühlt, bitte schön. Im Zweifelsfall rufen Sie bei der Verbraucherberatung an; möglicherweise hat sich ja seit der Drucklegung dieses Buches etwas getan und die *Stiftung Warentest* zum Beispiel hat sich des Themas Seniorenreisen kritisch angenommen.

Als erste Informationsadressen empfehlen sich natürlich vor allem die verschiedenen Seniorenverbände und vergleichbare Institutionen, die konkret weiterhelfen können und möglicher-

Nicht jedermanns Geschmack: Seniorenreisen

weise über spezielle Erfahrungen mit den jeweiligen Reiseveranstaltern verfügen. In Österreich ist dem *Pensionistenverband* zum Beispiel ein eigenes Reisebüro angegliedert, das die unterschiedlichsten seniorengerechten Angebote unterbreitet. In der Schweiz ist es die *Migros*, aber auch zahlreiche weitere Verbände bieten Reisen an.

Viele der Reiseveranstalter konzentrieren sich auf sogenannte Studienreisen, sprich die Pyramiden von Gizeh, die Akropolis und die Fresken von Michelangelo. Nicht zu reden von den zahlreichen Kreuzfahrt-Angeboten, die angeblich bei Senioren so beliebt sind.

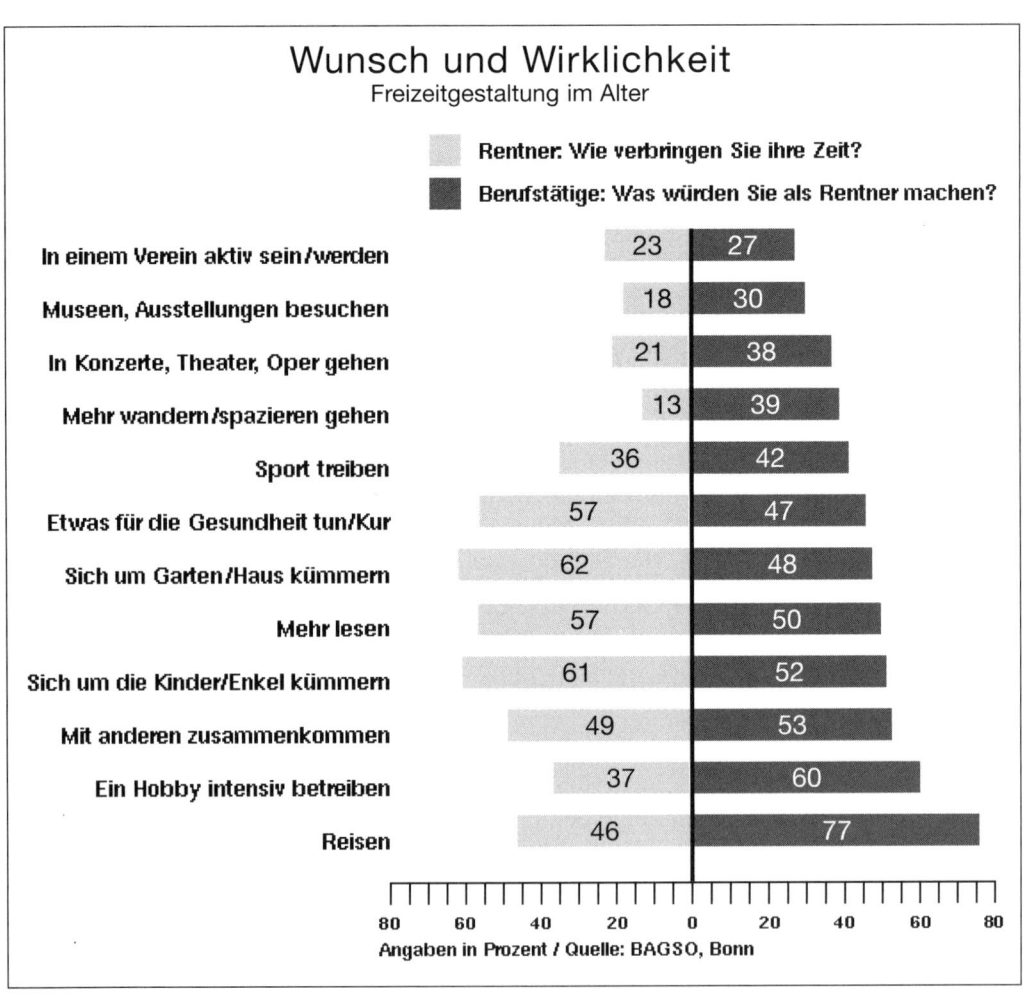

Aus unserer Sicht bleibt nur zu empfehlen: Entscheiden Sie nach Neigung und mit (finanziellem) Verstand. Bei sogenannten Kaffeefahrten sollten Sie etwas vorsichtig sein. Es kann nicht in Ihrem Sinne sein, für ein paar mittelmäßige Produkte zu einer Verkaufsveranstaltung gekarrt zu werden, wo Sie stundenlang bequatscht werden, damit Sie eine überteuerte Rheumadecke oder ein Was-weiß-ich-Sprudelbecken kaufen. Andererseits sind solche Fahrten eine günstige Gelegenheit, mal schnell drei Tage nach Spanien oder gar eine Woche nach Korfu zu reisen. Sie müssen an der Verkaufsveranstaltung ja nicht teilnehmen. Und standfeste Naturen, die sich so leicht nichts aufschwatzen lassen, finden die Veranstaltung ja vielleicht sogar recht amüsant. Man kann zumindest viel über Verkaufstechniken lernen.

Kaffeefahrten

Im Adressenteil haben wir einige Organisationen aufgelistet, die sich speziell auch mit Seniorenreisen befassen. Verständlicherweise wollen wir keine Empfehlung aussprechen, und die Liste erhebt auch nicht den Anspruch auf Vollständigkeit.

Einige kleine Hinweise sollten Sie vor Reiseantritt vielleicht doch beachten:

- ▶ Sie werden für Ihre Reisevorbereitungen vermutlich mehr Zeit brauchen als in früheren Jahren.
- ▶ Hinzu kommt, daß Sie sich womöglich leichter irritieren und verunsichern lassen.
- ▶ Scheuen Sie sich deshalb nicht, alles andere abzusagen, wenn Sie gerade dabei sind, Koffer zu packen, Ihre Kameraausrüstung auf den neuesten Stand zu bringen und etwa notwendige Papiere zu besorgen.
- ▶ Da und dort, bei vermutlich besonders anstrengenden Reisen, sollten Sie vorher Ihren Arzt aufsuchen, um einen kleinen Gesundheits-Check zu absolvieren.
- ▶ Informieren Sie sich auch, ob in bestimmten Reiseländern Impfungen notwendig sind.
- ▶ Eine gute Vorbereitung ist es auch - was Sie wahrscheinlich ohnehin tun -, sich mit Hilfe eines guten Reiseführers auf das Reiseland mit seinen hoffentlich anregend fremden Sitten und Gebräuchen einzustellen.
- ▶ Scheuen Sie sich nicht, auch bei so naheliegenden Zielen wie den europäischen Ländern einen Reiseführer zu Rate zu ziehen. Intimere Kenntnisse über Gepflogenheiten können Ent-

Tips für die Reisevorbereitung

täuschungen vermeiden helfen: etwa, daß man in England abends durstig nach Hause gehen muß, weil die Kneipen früher schließen als bei uns, daß die italienischen Vorstellungen von einem vernünftigen Essen beträchtlich von denen abweichen, wie Sie das von „Ihrem" Italiener um die Ecke gewohnt sind, oder daß Sie in Frankreich für Gelächter sorgen, weil Sie den Lichtschalter für die Toilette des Bistros nicht finden können (das Licht geht nämlich beim Schließen der Tür automatisch an).

Unterwegs mit dem eigenen Wagen

Fassen wir nun das Thema Reisen ein wenig „weitherziger" auf und rechnen deshalb auch die Fahrt zu Kindern und Enkeln, zu Freunden, Veranstaltungen, zum Einkaufen im Großmarkt und andere „normale" Wege mit ein.

Zunächst einmal sind zwei Fragen zu stellen:
- Brauchen wir für diese Fahrten und Unternehmungen zwingend den eigenen Wagen?
- Können wir uns aus gesundheitlichen oder finanziellen Gründen erlauben, nicht mit öffentlichen Verkehrsmitteln zu fahren?

Brauche ich unbedingt ein Auto?

Man mag es beklagen, begrüßen oder auch ignorieren: Das eigene Kraftfahrzeug hat bei den meisten mehr als nur die Aufgabe, stets verfügbares Transportmittel zu sein. Es verbinden sich damit auch Vorstellungen von gesellschaftlichem Status, Lebensfreude, Mobilität und Selbstbestimmung. Obwohl es das wert wäre, wollen wir nicht in die Diskussion einsteigen, ob und in welchem Umfang das Auto für Umweltverschmutzung und Flächenverbrauch verantwortlich ist. Reden wir über die immer mal wieder öffentlich gestellte Frage, ob sogenannte ältere Menschen überhaupt ein Kraftfahrzeug steuern sollten.

Bislang gibt es nämlich keine gesicherten Hinweise darauf, daß ältere motorisierte Verkehrsteilnehmer absolut und relativ - an der Kilometerleistung gemessen - häufiger Unfälle bauen, als dies jüngere tun. Experten erwarten aber, daß durch die immer größere Zahl von Älteren, die auch dann noch fahren, wenn es ihre physischen und psychischen Leistungen eigentlich nicht mehr zulassen, Rufe nach einer Eignungsprüfung für Fahrer(innen) im fortgeschrittenen Lebensalter lauter werden. Ob das zu begründen sein wird, steht dahin.

Gleichwohl sollten Sie sich die Gretchenfragen stellen:
▶ Bin ich körperlich tatsächlich noch fit genug, um am Straßenverkehr teilzunehmen, ohne mich und andere zu gefährden?
▶ Was kostet mich mein Auto eigentlich?
▶ Bin ich tatsächlich darauf angewiesen, weil …
 – … die öffentlichen Verkehrsmittel nur unzureichend verfügbar sind?
 – … ich häufiger größere Lasten zu transportieren habe (Musikinstrumente, Modellboote, Großeinkäufe usw.)?
 – … die Unabhängigkeit ganz wesentlich zu meinem positiven Lebensgefühl beiträgt?

Check-up Autofahren

Versuchen Sie, ehrlich und aufrichtig zu sein. Der Aspekt „körperliche Einschränkungen" wird vermutlich erst sehr spät eine Rolle spielen, die Finanzen sind aber jederzeit ein Thema.

Wie will ich wohnen?

„Einen alten Baum verpflanzt man nicht." An dieser Gärtnerweisheit ist was dran. Es ist ein zentrales Bedürfnis der meisten Menschen, autonom, also selbstbestimmt schalten und walten zu können. Und die eigene Wohnung ist ein wesentlicher Bestandteil dieser Autonomie; weder die gewohnte Wohnung noch die Autonomie sollten ohne Not aufgegeben werden.

Autonomie in der eigenen Wohnung

Übernehmen wir für kurze Zeit das unsägliche Wort „Lebensabend" (wird es da dunkel oder gar kalt?) und zitieren eine Broschüre des Bundesbauministers, *Dr. Klaus Töpfer*. Mit „sie" sind hier „ältere Menschen" gemeint. Also: „Sie möchten den Lebensabend in ihrer gewohnten häuslichen Umgebung verbringen, sie möchten in ihrer vertrauten Wohnung alt werden, und sie möchten ein Leben in größtmöglicher Selbständigkeit führen."

Stimmt auffallend. Doch leider gibt es buchstäblich ein paar Hürden, die es älteren Menschen unmöglich machen können, in ihrer

Was im Alter schwerer fällt

eigenen Wohnung zu bleiben. Und damit sollten wir uns schon jetzt – also frühzeitig – befassen.

Die Rede ist nicht von den Finanzen, sondern von unvermeidlichen Abbauprozessen, die vor allem den menschlichen Bewegungsapparat betreffen. Geschmeidigkeit und Leistungsfähigkeit werden mit zunehmendem (hohem) Alter mal mehr, mal weniger nachlassen. Treppensteigen fällt schwer, Bücken genauso, der Badewannenrand wird scheinbar immer höher, und langes Stehen tut Kreuz und Beinen weh. Nun sind die allerwenigsten Wohnungen so geschnitten, daß sie den veränderten Anforderungen gewachsen wären. Nicht, daß diese Erkenntnis besonders neu oder gar originell wäre:

- ▶ Fraglos gibt es seit langem Konzepte, Firmen, Anbieter und technische Lösungen, um eine altengerechte Wohnung „herzustellen".
- ▶ Genauso steht außer Frage, daß diese Lösungen je nach Anspruch und Bedürfnis zwischen spottbillig und ganz schön teuer rangieren können.

Von Fachleuten gefordert wird die sogenannte barrierefreie Wohnung. Das darf durchaus wörtlich genommen werden. Also keine Stolperfallen, Türen, die breit genug sind, daß nötigenfalls auch ein Rollstuhl hindurchpaßt, Küchen, die so eingerichtet sind, daß man beim Arbeiten überwiegend sitzen kann, und Geräte wie Backofen und Spülmaschine, die so untergebracht sind, daß man sich nicht bücken muß. Daß es zum Beispiel für Treppen nachträglich einbaubare Lifts und für die Badewanne kleine Einstieghilfen gibt, das haben Sie bestimmt schon in den Kleinanzeigenteilen Ihrer Illustrierten gesehen.

Im folgenden wollen wir einfach ein paar Hinweise geben. Auf Umstände, die Sie beachten sollten, auf Möglichkeiten, die Sie nutzen können, und manches Mal auf Dinge, die von Ihnen konkret kaum zu beeinflussen sind, wenn Sie nicht eine Menge Geld und Engagement aufwenden. Soweit Ihre finanziellen Mittel dies zulassen und Sie vielleicht ohnehin geplant haben, Ihren Alterssitz neu zu bauen, kann es bedeutend billiger werden, die Hinweise gleich miteinzuplanen. Es ist – auf die altengerechte Ausstattung bezogen – erheblich billiger, von vornherein bestimmte Hilfen vorzu-

> **TIP**
>
> *Checken Sie, noch bevor Sie körperlichen Einschränkungen unterworfen sind, Ihre Wohnung und Ihr Wohnumfeld auf Alterstauglichkeit.*

sehen oder einzubauen, als eine bestehende Wohnung nachträglich zu verändern. Bisweilen ist das sogar unmöglich. (Welcher Mieter kann schon den Hausbesitzer davon überzeugen, einen Fahrstuhl oder auch nur eine rollstuhlgerechte Rampe einbauen zu lassen?) In unserer Aufzählung orientieren wir uns an einer Information des deutschen *Bundesministeriums für Raumordnung, Bauwesen und Städtebau.*

Das Wohnumfeld

Damit ist Ihr Wohnviertel gemeint mit seinen Einrichtungen vom Tante-Emma-Laden und dem Supermarkt über Gemeinschaftsräume, Erholungszonen bis hin zu Verkehrsanschlüssen, Parkplätzen und was der Dinge mehr sind. Die Ideallösungen sind - natürlich - kaum irgendwo anzutreffen. Wie auch immer, ob Sie umziehen wollen oder sich entschließen zu bleiben, wo Sie sind: Überprüfen Sie schon jetzt, wo mögliche körperliche Einschränkungen noch in weiter Ferne liegen, das Wohnumfeld auf seine „Alterstauglichkeit":

▶ Ist die nötige Infrastruktur vorhanden? Also Geschäfte, Begegnungsstätten, Kneipen, Restaurants, Cafés, Apotheken, der Hausarzt, Haltestellen des öffentlichen Personennahverkehrs
▶ Gibt es Erholungsmöglichkeiten wie Parks oder Fußgängerzonen?
▶ Wie sind diese ausgestattet? Existieren Rampen, die für Rollstuhlfahrer oder Gehbehinderte geeignet sind? Verfügen diese Rampen über einen gut erreichbaren Handlauf? Sind die Rampen nicht zu steil (maximal sechs Prozent Steigung)?
▶ Gibt es im Park und in der Fußgängerzone genügend Sitzbänke? Sind die abschüssigen Stellen mit Geländer und Handlauf versehen (Richthöhe 85 Zentimeter)?
▶ Existieren alternative Wohnanlagen, etwa Mehrgenerationenhäuser?
▶ Haben sich vielleicht sogar Altenwohngemeinschaften etabliert?
▶ Sind in Ihrem Viertel Hilfs- und Beratungsstellen der Kirchen, Wohlfahrtsverbände etc. erreichbar? Oder sind die Anfahrtswege sehr lang?

Check-up Wohnumfeld

Die Wohnung sicher erreichen

Der Weg zur Wohnung

Auch hier sollen lediglich Hinweise gegeben werden auf technische Lösungen, die prinzipiell möglich sind:
- Genügend breite Türen und Flure;
- Pneumatischer Türantrieb, der es erlaubt, auch schwere Haustüren ohne allzu große Kraftanstrengung zu öffnen;
- Klingeln und Haltegriffe in Greifhöhe;
- Klappsitze und Handläufe im Aufzug;
- Großflächige Schalter im Lift genauso wie in der Wohnung, alle in Griffhöhe;
- Zur Vermeidung von Stolperfallen: Fußmatten und Fußabstreifer, die bodengleich eingelegt worden sind und zum Reinigen herausgenommen werden können.

Bad und WC

Bad und WC bergen gute Chancen, daß Murphys Gesetz zur Anwendung kommt („Wenn etwas schiefgehen kann, dann wird es auch schiefgehen"). Deshalb hier die möglichen Fehlerquellen und Schwachpunkte:
- Zu schmale Türen, die nur nach innen zu öffnen sind;
- Zu glatter Fußbodenbelag;
- Der Einstieg von Badewanne und Dusche ist zu beschwerlich;
- Fenster können nur dann geöffnet oder geputzt werden, wenn der Umweg über eine davorstehende Badewanne genommen wird;
- Die Be- und Entlüftung ist so gebaut, daß sie entweder kaum Wirkung zeigt oder zu leicht Zugluft entstehen läßt;
- Das Türschloß ist so sicher, daß es selbst in einem Notfall kaum von außen zu öffnen ist;

Nützliches fürs Bad

Dabei haben das Sanitärgewerbe und weitere Anbieter recht pfiffige Lösungen gefunden:
- Badewannenlifts, die den Einstieg erleichtern;
- Duschplätze, die ebenerdig und bodengleich verlaufen und in die Klappsitze mit Haltegriffen und leicht erreichbaren Armaturen eingebaut sind;
- Armaturen, die über einen Verbrühschutz verfügen, meist Einhandmischer, die die Zufuhr von Heißwasser auf etwa 38 °C begrenzen;

- ▶ Allerlei Haltestangen und Griffe in der Nähe des WC, des Waschbeckens und wo immer sonst sie benötigt werden;
- ▶ WCs mit unterschiedlichen Sitzhöhen, die individuell angepaßt werden können;
- ▶ Klappbare Spiegel und Waschbecken mit Distanzstücken, so daß die Toilette auch im Sitzen absolviert werden kann.

Die Küche

Hier sei nur pauschal darauf hingewiesen, daß es bereits eine Unzahl von Lösungen auf dem Markt gibt, die es erlauben, die Küche gefahrlos und vor allem bei vielen Arbeiten auch sitzend zu nutzen.

Und noch mehr Technik

Die Palette an Hilfsmitteln ist kaum vollständig aufzuzählen. Sie reicht von schlichten Komfortverbesserern wie elektrischen Rolladenantrieben, Luftaustauschern, die unter dem Fenster angebracht werden, Schiebetüren, Fernbedienungen für Lichtquellen und anderen technischen Geräten bis hin zu Telefonen mit größeren und besser lesbaren Tasten und und und.

Die Palette an Hilfsmitteln ist groß

Daneben gibt es naheliegende Dinge wie spezielle körpergerecht geformte Sessel (empfehlenswert nicht nur, wenn das Kreuz schon lädiert ist), Betten, die frei zugänglich aufgestellt und zugleich erhöht gebaut sind, damit das Ein- und Aussteigen nicht so schwerfällt, gekoppelt mit fernbedienbaren, beweglichen Kopfstützen und blendfreier Beleuchtung. In manchen Fällen empfiehlt sich auch ein Notrufanschluß am Bett, über den man ärztliche Notdienste, soziale Hilfsorganisationen, die Feuerwehr oder den eigenen Hausarzt schnell erreichen kann.

Hilfe in der eigenen Wohnung

In diesem Zusammenhang sei auch gleich auf die zahlreichen Sozialen Hilfsdienste verwiesen, die nahezu überall und schon seit Jahren in unterschiedlichem Ausmaß Hilfeleistungen für Ältere anbieten. Das reicht von Einkaufsservice, Essen auf Rädern bis hin zur Pflege in den eigenen vier Wänden bei Krankheit. Seit der Einführung der Pflegeversicherung und der damit verbundenen (vermeintlichen?) Zunahme verfügbarer Geldmittel dürfte sich das Angebot noch mehr ausweiten.

Soziale Hilfsdienste

Alternative Rentner-WG

Mit Freunden wohnen

Kennen Sie die „Golden Girls"? Warum gründen nicht auch Sie als alleinstehende Frau eine Wohngemeinschaft mit Ihren Freundinnen? Alle anderen WG-Formen sind natürlich genauso denkbar. Wichtig ist dabei, daß jede(r) mindestens ein eigenes Zimmer hat, in das sie/er sich zurückziehen kann, um ihre/seine Ruhe zu haben. Wer dann Lust auf Gesellschaft hat, trifft die anderen im gemeinschaftlichen Wohnzimmer oder in der (Wohn-)Küche.

Und wenn ich in der Wohnung nicht mehr zurechtkomme?

Es gibt Abstufungen von betreutem Wohnen, das der jeweiligen persönlichen Lage angepaßt werden kann. Es existieren Wohnhäuser mit „Seniorenwohnungen", deren größte Besonderheit darin besteht, daß im Notfall ein Zivildienstleistender über eine Klingel herbeigerufen werden kann. In vielen Einrichtungen, die oft Seniorenresidenz, Wohnstift oder so ähnlich heißen, können Sie in einem Appartement inmitten Ihrer eigenen liebgewordenen Möbel und Andenken wohnen, es wird aber zum Beispiel geputzt, auf Wunsch können Sie an Gemeinschaftsmahlzeiten teilnehmen oder diese in Ihrer Wohnung erhalten, ein Arzt und Pflegepersonal stehen bei Bedarf zur Verfügung.

Betreutes Wohnen

Nur wenn Sie dauerhafte Pflege rund um die Uhr benötigen sollten, gibt es zum Alten- und Pflegeheim kaum eine Alternative. Freilich sind die Qualitätsunterschiede zwischen den einzelnen Häusern groß. Nicht zu Unrecht wird in der öffentlichen Diskussion immer wieder auf den Umstand hingewiesen, daß so manches Alten- und Pflegeheim kaum mehr ist als eine Verwahranstalt, die den alten und pflegebedürftigen Menschen lediglich verwaltet. Aus organisatorischen Gründen, Dickfelligkeit, manchmal aber auch aus reiner Profitsucht haben sich alte Menschen unterzuordnen. In der Tat sind die Fälle nicht allzu selten, wo der Wechsel ins Alters- und Pflegeheim mit einer faktischen Entmündigung einhergeht.

Pflegebedürftigkeit

Aber wir wollen nicht allzu schwarzmalen. Pauschale Urteile verbieten sich ohnehin. Auf keinen Fall sollten Sie sich von allerlei aufgedeckten vermeintlichen oder echten Skandalen um die Zustände in bestimmten Einrichtungen irritieren lassen. Nutzen Sie lieber die Chance - sollte sich abzeichnen, daß Sie irgendwann in Zukunft auf ein solches Heim angewiesen sein werden -, vorher Erkundigungen über die Angebote in Ihrer Region einzuholen. Der Alten- und Pflegesektor ist derzeit einem rapiden Wandel unterworfen, der da und dort erhebliche Verbesserungen mit sich bringt.

Es hat auch schon pflegebedürftige Menschen gegeben, die es ohne Angehörige geschafft haben, sich frühzeitig ein Netz von Helfern aufzubauen. Diese werden sicher zum Teil bezahlt, oder sie erhalten andere kleine Aufmerksamkeiten. Für viele Jüngere ist

Helfer-Netz aufbauen

es aber auch Lohn und Motivation genug, einem älteren Menschen das Weiterwohnen in den eigenen vier Wänden möglichst lange zu ermöglichen.

Dieser Ausblick in die fernere Zukunft sollte Sie nun aber keineswegs dazu veranlassen, in Pessimismus zu schwelgen. Nicht nur verbringen die meisten alten Menschen ihren „Lebensabend" relativ gesund in ihren eigenen vier Wänden, sondern vor allem sind Sie - die Leserin/der Leser dieses Buches - dank Ihrer Voraussicht zunächst jemand, der seinen Ruhestand plant und noch lange nicht soweit ist, sich über wie auch immer geartete Einschränkungen den Kopf zu zerbrechen. Statt dessen steht jetzt eine „Ausweitung" auf dem Programm, eine Ausweitung von Zeit und Möglichkeiten für ein erfülltes Leben nach der Berufstätigkeit. Daß Sie dabei die Realität nicht aus den Augen verlieren und sich deswegen auf alle Eventualitäten gedanklich einstellen wollen, spricht für Sie. Schön, daß wir Sie dabei ein Stück begleiten und unterstützen durften.

Anhang

Quellen

Auch hier wollen wir nur eine Kernauswahl der verwendeten Literatur angeben. Daneben haben wir eine große Zahl von Broschüren und Zeitungsartikeln ausgewertet, viele persönliche Gespräche und Interviews geführt und natürlich von unserem Fachwissen gezehrt, das sich während Studium und Berufspraxis angesammelt hat.

Bundesarbeitsgemeinschaft der Seniorenorganisationen (Hrsg): Fakten und Felder der freien Seniorenarbeit: Ältere Menschen in Deutschland, 1995

Kade, Sylvia: Altersbildung, Ziele und Konzepte, Deutsches Institut für Erwachsenenbildung (DIE), Frankfurt am Main 1994

Kade, Sylvia: Altersbildung, Lebenssituation und Lernbedarf, Deutsches Institut für Erwachsenenbildung (DIE), Frankfurt am Main 1994

Lehr, Ursula: Psychologie des Alterns, Quelle und Meyer, Heidelberg/Wiesbaden 1987

Lehr, Ursula: Zur Situation der älterwerdenden Frau. Bestandsaufnahme und Perspektiven bis zum Jahr 2000, München 1987

Presse- und Informationsamt der Bundesregierung (Hrsg.): Gemeinsam statt einsam. Politik mit älteren Menschen, Bonn 1994

Rosenmayr, Leopold/Kolland, Franz (Hrsg.): Arbeit - Freizeit - Lebenszeit, Westdeutscher Verlag, Opladen 1988

Statistisches Bundesamt (Hrsg.): Im Blickpunkt: Ältere Menschen, Metzler-Poeschel, Stuttgart 1992

Adressen

Bei den Recherchen zu diesem Buch haben wir immer wieder die unterschiedlichsten Institutionen und Organisationen um Informationen und vor allem Adressen gebeten. Leider haben nicht alle auf unsere Bitte reagiert, andere wiederum waren sehr hilfsbereit und stellten uns umfangreiches Material zur Verfügung. Die im folgenden genannten Adressen sind nur eine Auswahl. Die Zahl der Seniorenorganisationen und -institutionen, die Service- und Hilfeleistungen für Senioren anbieten, ist heute kaum noch überschaubar. Deshalb war es für uns faktisch unmöglich, selbst jene, von denen wir Adressen erhalten haben, qualitativ und inhaltlich zu überprüfen. So ist es weder als Abwertung noch als Bevorzugung zu verstehen, daß die eine Organisation genannt wird, eine andere aber nicht. Wo dies möglich, notwendig oder sinnvoll war, die Quelle zu nennen, haben wir angegeben, von welcher Organisation oder aus welcher Publikation die Adressenangabe stammt. Wo es sich anbietet, haben wir die jeweiligen Angaben auch thematisch gekennzeichnet.

Bundesrepublik Deutschland

Bundesarbeitsgemeinschaft der
Seniorenorganisationen (BAGSO)
Bundesgeschäftsstelle
Stockenstraße
53113 Bonn

Die folgenden Adressen betreffen die BAGSO-Mitgliedsorganisationen, die aus „Fakten und Felder der freien Seniorenarbeit, Ältere Menschen in Deutschland", Hrsg. BAGSO, 1995, entnommen sind:

Alt hilft Jung e.V.
Bundesarbeitsgemeinschaft der Senior Experten
Postfach 20 03 10
Kennedyallee 62-70
53175 Bonn

Arbeitsgemeinschaft Evangelische Krankenhaushilfe
Evangelische und Ökumenische Krankenhaus- und Altenheim-Hilfe
Pappelweg 25 A
53177 Bonn

Betreuungswerk der
Deutsche Post AG
Postfach 30 02 61
Burgenlandstraße 44 A
70466 Stuttgart

Bund der Ruhestandsbeamten,
Rentner und Hinterbliebenen
im DBB (BRH)
Postfach 14 64
55004 Mainz

ADRESSEN

BAG Katholisches Altenwerk
Kaiserstraße 163
53113 Bonn

BAG-Wissensbörse
Sekretariat (BAG-WB)
Manderscheider Platz 8
50937 Köln

Bundesinteressenvertretung der
Altenheimbewohner (BIVA)
Postfach 47
53911 Swisttal

Bundesseniorenvertretung e.V. (BSV)
Schwedenstraße 2
65239 Hockenheim

Bundesverband Gedächtnistraining
nach Dr. med Franziska Stengel e.V.
Postfach 15 80
Hartberg 49
72566 Bad Urach

Bundesverband Seniorentanz e.V.
Insterburger Straße 25
28207 Bremen

Deutsche Gesellschaft für Freizeit e.V.
(DGF)
Bahnstraße 4
40699 Erkrath

Deutsche Gesellschaft für Präventiv-
Medizin e.V.
Oberrather Straße 10
40472 Düsseldorf

Deutscher
Senioren-Ring e.V. (DSR)
Oberrather Straße 10
40472 Düsseldorf

Deutscher Sportbund -
Breitensport (DSB)
Otto-Fleck-Schneise 12
60528 Frankfurt/Main

Deutscher Turner-Bund (DTB)
Otto-Fleck-Schneise 8
60528 Frankfurt/Main

Deutsches Sozialwerk (DSW) e.V.
An der Esche 2
53111 Bonn

Evangelische Arbeitsgemeinschaft
für Altenarbeit in der EKD
Herrenhäuserstraße 12
30419 Hannover

Evangelisches Seniorenwerk
Bundesverband für Frauen und Männer
im Ruhestand e.V.
Am Entenbusch 41
34346 Hannoversch-Münden

Gesellschaft für Gehirntraining e.V.
(GfG)
Memory-Klinik
Kolonie 5
77787 Nordrach-Klausenbach

Hartmannbund - Ausschuß Senioren
Godesberger Allee 54
53175 Bonn

Jahresringe
Verband für Vorruhestand
und aktives Alter e.V.
Parkstraße 23
13086 Berlin

Kompanie des guten Willens e.V.
Enneper Straße 87
58135 Hagen

Kuratorium Wohnen im Alter e.V.
Bitberger Straße 50
82008 Unterhaching

Lebensabendbewegung (LAB)
AG der Landesverbände
LANGE AKTIV BLEIBEN
Böderkerstraße 85
30161 Hannover

Senior Experten Service (SES)
Postfach 22 62
53012 Bonn

Senioren-Vereinigung des Christlichen
Jugenddorfwerkes Deutschlands
Teckstraße 23
73061 Eberbach

Sozialverband VdK Deutschland
Verband der Kriegs- und Wehr-
dienstopfer, Behinderten u. Rentner
Deutschland e.V.
Wurzerstraße 4a
53175 Bonn

Vegetarier-Altenhilfe e.V. (VAH)
Theodor-Heuss-Straße 19
45966 Gladbeck

Volkssolidarität e.V.
Rykestraße 53
10405 Berlin

Zentralverband der Sozialversicherten,
der Rentner und deren Hinterbliebenen Deutschlands (ZdS)
Postfach 16 64
42909 Wermelskirchen

Mitwirkende Organisationen:

DAG-Bundesseniorenausschuß
(Ressort Sozialpolitik)
Karl-Muck-Platz 1
20355 Hamburg

Deutscher Bundeswehrverband e.V.
(DBwV)
Südstraße 123
53175 Bonn

Deutscher Familienverband
Argelanderstraße 71
53175 Bonn

Deutscher Frauenrat
Simrockstraße 5
53113 Bonn

EURAG
Bund für die ältere Generation Europas
Sektion Deutschland
Heinrich-Hoffmann-Straße 3
60528 Frankfurt/Main

Haus im Park - Seniorencentrum
Körber-Stiftung
Gräpelweg 8
21029 Hamburg

Sozialwerk Berlin e.V. -
Altenselbsthilfe-
und Beratungszentrum
Humboldtstraße 12
14193 Berlin

Zwischen Arbeit und
Ruhestand ZWAR e.V
Steinhammer Straße 3
44379 Dortmund

Der Broschüre „Gemeinsam statt einsam" des Presse- und Informationsamtes der Bundesregierung sind folgende Angaben entnommen:

Seniorenvereinigung des Christlichen
Jugenddorfwerkes Deutschland e.V.
Panoramastraße 56
73035 Göppingen

Deutscher Bundesverband staatlich
anerkannter Altenpflegerinnen und
Altenpfleger
An der Pfaffenwiese 1
63303 Dreieich

Bundesarbeitsgemeinschaft der
Freien Wohlfahrtspflege e.V.
Franz-Lohe-Straße 17
53129 Bonn

Arbeiterwohlfahrt
Bundesverband e.V.
Oppelner Straße 130
53119 Bonn

Diakonisches Werk der EKD e.V.
Stafflenbergstraße 76
70184 Stuttgart

Deutscher Caritasverband e.V.
Karlstraße 40
79104 Freiburg

Deutscher Paritätischer
Wohlfahrtsverband e.V.
Gesamtverband
Heinrich-Hoffmann-Straße 3
60528 Frankfurt/Main

Deutsches Rotes Kreuz e.V.
Friedrich-Ebert-Allee 71
53113 Bonn

Zentralwohlfahrtstelle der Juden
in Deutschland e.V.
Hebelstraße 6
60318 Frankfurt/Main

Arbeiter-Samariter-Bund
Deutschland e.V.
Sülzburgstraße 140
50937 Köln

Johanniter-Unfall-Hilfe e.V.
Bundesgeschäftsführung
Sträßchensweg 14
53113 Bonn

Malteser-Hilfsdienst e.V.
Generalsekretariat
Leonhard-Tietz-Straße 8
50676 Köln

Aus: Der Rote Faden, Bundesministerium für Familie und Senioren:

Bundes-Solidar-Gemeinschaft
der älteren Generation e.V.
Rotebachstraße 3
34320 Söhrewald

Deutsche Arbeitsgemeinschaft
Selbsthilfegruppen e.V.
Friedrichstraße 28
35392 Gießen

Bundesarbeitsgemeinschaft
Wohnungsanpassung
über Uwe Reebs
Wissenschaftszentrum München e.V.
Beratungsstelle Altengerechtes Wohnen
Korbinianplatz 15a
80807 München

Arbeitsgemeinschaft
der Verbraucherverbände
Heilsbacherstraße 20
53123 Bonn

Deutsche Rheuma-Liga
Rheinallee 69
53173 Bonn

Deutscher Mieterbund
Aachener Straße 313
50931 Köln

Deutscher Verkehrssicherheitsrat e.V.
Beueler Bahnhofsplatz 16
53222 Bonn

Entnommen aus Sylvia Kade: Altersbildung. Ziele und Konzepte, DIE, 1994:

Bundesarbeitsgemeinschaft „Öffnung
der Hochschulen für
ältere Erwachsene"
Kunzenweg 21
79117 Freiburg

Dachverband Altenkultur (Ost)
William-Zipperer-Straße 83
04179 Leipzig

Dachverband Altenkultur
Zugweg 10
50677 Köln

Deutsche Evangelische Arbeitsgemeinschaft für Erwachsenenbildung
(DEAE)
Schillerstraße 58
76135 Karlsruhe

Deutsches Zentrum für Altersfragen
(DZA)
Manfred-von-Richthofen-Straße 2
12101 Berlin

ERGO
Neue Frauenwege ins Alter e.V.
Maistraße 2
80337 München

Kuratorium Deutsche Altershilfe
(KDA)
Wilhelmine-Lübke-Stiftung e.V.
An der Pauluskirche 3
50677 Köln

Selbsthilfe im Vorruhestand e.V.
Schönhauser Allee 185
10119 Berlin

Österreich und Schweiz

EURAG
Bund für die ältere Generation
Europas
Wielandgasse 7
A-8010 Graz

Pensionistenverband Österreichs
Alserbachstraße 23
A-1090 Wien

Pro Senectute Österreich
Gentzgasse 9
A-1180 Wien

Hauptverband der österreichischen
Sozialversicherungsträger
Kundmanngasse 21
A-1031 Wien

Pro Senectute Schweiz
Forchstraße 145
CH-8023 Zürich

Von ZWAR übermittelte Ansprechpartner in Österreich und der Schweiz:

Vera Albert
Volkshochschule Hietzing
Verband Wiener Volksbildung
Sobrieskigasse 24
A-1090 Wien

Anke Brändle-Ströh
Gasometerstraße 4
CH-8005 Zürich

Register

Altersgrenze 16
Altsein 25
Angst 22
Ansprüche 74
Arbeit 71
Arbeitskollege 48
Arbeitsmarktlage 14-16
Ausgabenbudget 32-36
Autofahren 112-113

Babysitter 72
Bedürfnisse 66
Bekannte 47-53
Beruf 13-16, 23, 24, 49, 71
Berufskrankheit 13
Betreuungsverein 76
Betriebsrente 29-30
Bildungsangebote 89-93
Bildungseinrichtungen,
- öffentliche 79-80
Biografie 57
Burn-Out 14-15

Einsamkeit 23, 24
Ernährungstips 104-105
Erwartungen 22, 24
- anderer 70
Essen 103-105

Familie 45
Finanzsituation 34
Freizeit 26, 60
Freizeitgestaltung 110
Freizeitverhalten 60-64
Freunde 47-53
Freundschaften 51-53

Gedächtnisfunktion 88
Gedächtnistraining 87-88
Gehirn-Jogging 87
Generationenvertrag 27

Getränke 105
Gewohnheiten 68-70

Heimunterbringung 75, 119
Hilfsdienst, sozialer 75, 117
Hinzuverdienstgrenze 40
Hobby 71-72
Hoffnung 22

Intelligenz 84-85

Jugendkult 25

Kontakt
- beruflicher 48-51
- sozialer 23-24
Krankenversicherung 32
Kurzzeitgedächtnis 86, 88

Langeweile 8
Langzeitgedächtnis 86, 88
Lebensplanung 10, 13
Lebensrhythmus 68
Lebensversicherung 30-31
Lernfähigkeit 86, 89

Muster 58

Partnerschaft 43-46, 59, 100
Pflegebedürftige
- betreuen 73-75
Pflegebedürftigkeit 119
Pflegeversicherung 75
Pflichtgefühl 74

Reisen 109-112
Rentenberatung 28
Rentenberechnung 29
Rentenhöhe 28
Rentenversicherung 27-28
Rolle 18, 59

Rollenverteilung 43
Routine 43-44, 96
Ruhestand, vorzeitiger 13, 14

Schuldgefühl 74
Selbstbestimmung 70
Selbstbewußtsein 10
Selbsttäuschung 57
Seniorexpertenservice 81-83
Sexualität 107-109
Single 46
Sozialamt 75
Sozialhilfe 36-37
Sport 105-107
Studium 91-93

Tagesablauf 95-100
Tätigkeit, ehren-
   amtliche 76, 77-79
Teilrente 38, 40
Teilzeit 38-40

Umschulung 14
Universität 91-93

Veränderung 18
Verein 77-79,
   106-107
Vergeßlichkeit 84
Verlust 59
Verpflichtung 69
Versicherung 32
Versicherungs-
   unterlagen 28
Volkshochschule 90-91
Vorruhestand 16

Wissensbörse 80-81
Wohnen 113-120
Wohngeld 36, 37
Wünsche 20
Wunschvor-
   stellungen 13, 17

Zeiteinteilung 60-64
Zeitplanung 70
Zeitrhythmus 69
Zeitstrukturierung 66-70,
   94-100

Im FALKEN Verlag sind zahlreiche Titel zum Thema Gesundheit erschienen. Bitte fragen Sie in Ihrer Buchhandlung.

Für unseren Sohn Fabian, dessen Geduld und Verständnis manchmal ganz schön strapaziert wurden.

Die Deutsche Bibliothek - CIP-Einheitsaufnahme

Quien-Schütz, Friederike:
Gut vorbereitet in den Ruhestand : Planung, Perspektiven, praktische Tips / Friederike Quien-Schütz ; Fred G. Schütz. [Zeichn.: Uwe Herrmann]. - Niedernhausen/Ts. : FALKEN, 1996
 ISBN 3-8068-1659-X
NE: Schütz, Fred G.:

ISBN 3 8068 1659 X

© 1996 by Falken-Verlag GmbH, 65527 Niedernhausen/Ts.
Die Verwertung der Texte und Bilder, auch auszugsweise, ist ohne Zustimmung des Verlags urheberrechtswidrig und strafbar. Dies gilt auch für Vervielfältigungen, Übersetzungen, Mikroverfilmung und für die Verarbeitung mit elektronischen Systemen.
Umschlaggestaltung: Andreas Jacobsen
Redaktion: Karin Schulze-Langendorff
Titelbild: IFA-BILDERTEAM/J. Heron, Frankfurt a. M. (oben); Silvestris Fotoservice/Chris Nowotny, Kastl (Mitte); IFA-BILDERTEAM/Int. Stock, Frankfurt a. M. (unten)
Fotos: Bildarchiv Huber, Garmisch-Partenkirchen: Seite 5 (Bertsch), 4/5 und 102 r. (Schmid); **Ulrich Viehoff,** Bienenbüttel: Seite 12 l., 37, 54 (großes Foto), 54 u., 102 (großes Foto); **Silvestris Fotoservice,** Kastl: Seite 3 (Kerscher), 4, 12 (großes Foto, Lindenburger), 12 r., 19 (Uselmann), 42 (Wallis), 54 o., 101 (Wahl), 102 l. (Spaeth), 102 u.
Zeichnungen: Uwe Herrmann, Vinningen

Die Ratschläge in diesem Buch sind von den Autoren und vom Verlag sorgfältig erwogen und geprüft, dennoch kann eine Garantie nicht übernommen werden. Eine Haftung der Autoren bzw. des Verlags und seiner Beauftragten für Personen-, Sach- und Vermögensschäden ist ausgeschlossen.

Satz: Alois Winter, Werbung & Herstellung, Wiesbaden
Druck: Neuwieder Verlagsgesellschaft mbH, Neuwied